OPUSCULES POLITIQUES ET MORAUX.

ESSAI CONTRE L'ABUS DU POUVOIR DES SOUVERAINS,

ET

JUSTE IDÉE DU GOUVERNEMENT D'UN BON PRINCE.

Suivi Du

TOCSIN CONTRE LE DESPOTISME DU SOUVERAIN.

PAR M**, AVOCAT.

A LONDRES,

MDCCLXXVI.

ESSAI

ESSAI
CONTRE L'ABUS DU POUVOIR DES SOUVERAINS.

Lorsque le deshonneur souille l'obéissance,
Les Rois peuvent douter de leur toute-puissance;
Qui la hasarde alors, n'en sait pas bien user,
Et qui veut tout pouvoir, ne doit pas tout oser.

DOM SANCHE D'AV.

AVANT-PROPOS.

„ J'AVAIS *toujours cru que je n'avais en
„ toute l'étendue de mon Empire que des
„ Esclaves"* (*disait le cruel & barbare Mahomet II, parlant aux Janissaires:*) „ *j'a-
„ vais toujours cru que je pouvais juger
„ souverainement des actions de ceux qui
„ vivent sous ma puissance, & que nul ne
„ devait avoir l'audace de juger des mien-
„ nes..... Ce caractere sacré, qui distin-
„ gue les têtes couronnées de celles des autres
„ hommes, devrait être inviolable en ma
„ personne. Ce n'est point à ceux qui font
„ la loi, à la recevoir; ce n'est point
„ aux Peuples à reprendre les personnes qui
„ peuvent disposer de leurs vies, comme il
„ leur plaît.... Si les Princes sont vos
„ maîtres, vous êtes leurs Esclaves. . .
„ Pouvez-vous donc être leurs juges? Il faut
„ ou les renverser du trône, ou leur obéir: ...
„ autrement c'est vouloir usurper la souve-
„ raine autorité sur les Princes; c'est vouloir*

*„ leur arracher le ſceptre & la couronne. . . .
„ vouloir les fouler aux pieds, les extermi-
„ ner de deſſus la terre. Non, non, Sol-
„ dats, vous n'êtes pas les juges des Princes
„ de l'illuſtre ſang des Ottomans: mais vous
„ êtes leurs ſerfs, leurs eſclaves... Votre
„ ſang, vos vies, vos biens ſont en leur
„ pouvoir. Ils peuvent en diſpoſer à leur
„ gré.... D'un coup de cimeterre ils peu-
„ vent faire ſauter vos têtes, ou faire tran-
„ cher le fil de vos jours avec un cordon.
„ Craignez, craignez d'être, comme autant
„ de victimes, ſacrifiés & immolés... Trem-
„ blez, frémiſſez, vous qui êtes leurs Eſcla-
„ ves." . . . .*

Ainſi parlait ce Prince barbare & féroce, ce tyran, ce monſtre de Mahomet.... Combien de Princes pourtant qui lui reſſemblent! combien, abuſant de l'autorité qui leur a été confiée, libres de la contrainte des loix, s'érigent, comme lui, en tyrans & régiſſent leurs ſujets avec un ſceptre de fer!... Qu'ils viennent entendre: ils apprendront combien eſt abſurde & inhumaine l'opinion du pouvoir despotique des Souverains; que le Prince, de quelque titre superbe qu'il soit revêtu, n'a pas plus de puissance que n'en demande le bien public; que le Prince est fait pour le Peuple, & non le Peuple pour le Prince; qu'enfin les hommes ont des droits naturels, lesquels ont un terme, jusqu'où chacun veut ou peut y renoncer... Puissent les Princes entendre la vérité!... Puissent-ils être guéris de l'ambition & des autres vices qui font qu'ils abusent tyranniquement de leur pouvoir! Puissent-ils ne plus prêter l'oreille à des flatteurs, à des prêtres vains, fourbes, intéressés! Puissent-ils être pleinement desabusés des fausses idées que tant d'infâmes partisans du pouvoir despotique tâchent chaque jour de leur inspirer!.. Puisse le Seigneur leur toucher le cœur & les conduire dans les voeis de la Justice! Alors peut-être aura-t-on lieu d'espérer de voir enfin bannir la tyrannie du monde!... Mais dans l'état où sont les choses, tout ce qu'on peut faire, c'est de conserver, d'affermir, d'éclaircir, de renouveller les idées d'une honnête liberté. Peut-être que par ce moyen quelques étincelles de la vérité volant jusque dans les pays les plus reculés, où est le siege de la Tyrannie, feront ouvrir les yeux à un grand nombre de gens, & les porteront ou à secouer le joug, ou à se retirer les uns après les autres dans des pays de liberté, & à laisser ainsi les tyrans incorrigibles régner avec leurs suppôts sur de vastes solitudes. . . . .

C'est le but de cet ouvrage.

ESSAI CONTRE L'ABUS DU POUVOIR DES SOUVERAINS.

PLATON, le grand Platon, fait en mille endroits de ses écrits des descriptions vives & naturelles du Tyran; Dion, Chrysostome, Buchanan, & nombre d'autres auteurs en parlent d'une maniere très forte : quelques prétendus grands hommes pourtant qui ont pris à tâche de traiter du pouvoir souverain, attribuent les mêmes droits au Prince & au Tyran, deux caracteres si opposés qu'on ne peut concevoir rien de plus incompatible.

En effet, l'un commande à des citoyens avec leur consentement; l'autre malgré eux : l'un a uniquement en vue le bien public; l'autre ne cherche que son avantage particulier : l'un maintient les loix; l'autre les foule aux pieds : l'un regarde la vie, la liberté, les biens de chaque particulier, comme autant de choses sacrées, auxquelles il n'oseroit toucher, & dont il éloigne ses mains, ses yeux, ses desirs même; l'autre s'imagine que tout cela lui appartient de plein droit, & qu'il peut en disposer à son gré : l'un enfin, semblable à Dieu, & se faisant un plaisir, à son exemple, de procurer l'avantage du genre humain, est respecté, aimé, adoré, & de ses sujets & des étrangers; tous courent à lui, comme à l'auteur de leur conservation & de leur félicité, prêts à se sacrifier courageusement pour ce chef, dont ils sentent que l'esprit les anime, les unit, les gouverne, les fait fleurir & prospérer.... L'autre, vraie peste publique, ne faisant du bien à personne, faisant du mal à tout le monde, & par-là en horreur & en exécration à toute la terre, traîne toujours après soi la terreur, la désolation, l'épouvante; comme quand on voit sortir de sa taniere une bête féroce de grandeur prodigieuse, un Léopard, un Lion, un Tigre.

La raison veut donc que l'on ne confonde point le Prince avec un Tyran, & que l'on n'étende pas non plus le pouvoir du Prince, aussi loin que son caprice, mais qu'on le resserre dans les bornes de la justice & des loix. Par quelle fatalité pourtant voit-on soutenir dans le monde, qu'à moins que d'anéantir la nature de la Souveraineté, il faut reconnaître que le Prince est au dessus des Loix : en sorte que, quoiqu'il ne pense qu'à ses voluptés & à son intérêt particulier, & nullement au bien de ses sujets, ceux-ci n'ont d'autre ressource que le mérite d'obéir & de souffrir patiemment; & que le Prince n'est responsable de sa conduite qu'à Dieu, ſeul, de qui, comme on ſuppoſe, l'autorité ſouveraine vient originairement.

Il y a très-peu de gens qui prennent le parti du Peuple : la plupart défendent la cauſe du Tyran ſous le nom du Prince, & ils tâchent de ſe perſuader & de perſuader aux autres, que, s'il ſe trouve une telle oppoſition entre les intérêts du Prince & ceux du Peuple, qu'il faille que l'un des deux ſoit affaibli, périſſe même, il eſt & plus juſte & plus avantageux de laiſſer au Prince une entiere liberté d'opprimer ſes ſujets par des injuſtices & des cruautés énormes, que de permettre aux ſujets de réprimer la fureur du Prince qui veut les perdre : comme ſi ceux qui ſont réduits par leur condition à la néceſſité d'obéir, n'étoient pas de même nature que ceux qui commandent, & qu'on ne dût regarder ſur le pied d'hommes, que ceux à qui l'accord & le conſentement de leurs ſemblables ont mis en main l'autorité ſur des hommes.

Mais quand on cherche les raiſons d'un reſſentiment ſi outré, ſi dur, ſi barbare, ſi inhumain, on n'en trouve aucune qui ſoit conforme à la loi de la nature.

Qui que vous ſoyez, qui êtes dans cette penſée, Princes, Courtiſans, Prêtres ſanguinaires, permettez-moi de le dire, vous gâtez une choſe d'elle-même très bonne & très ſainte ; vous tournez à la perte, à la ruine des hommes, par votre ambition déméſurée, ou par vos lâches flatteries, le gouvernement civil, qui a été établi afin que chacun pût jouir dans une profonde tranquillité des douceurs & des commodités de la vie ; vous rejettez des maximes juſtes, ſûres & utiles, pour ſuivre des maximes injuſtes, incertaines, pernicieuſes; une Puiſſance ſans bornes ne pouvant jamais être aſſurée & durable....

Il eſt aſſurement de l'intérêt des Peuples, qu'une erreur ſi généralement reçue ſoit entiérement détruite; & qu'en faveur de la vérité on parle ouvertement & ſans détour d'une choſe qui renferme toute la majeſté des choſes divines & humaines, publiques & particulieres; qu'on défende la liberté commune du Genre-Humain, & qu'on déclare en même tems, qu'un bon Citoyen doit rendre à ſon Souverain tout le reſpect qu'on peut avoir pour un homme; & qu'un pouvoir établi pour la ſûreté publique ne ſaurait jamais être trop indépendant & trop étendu, pourvû toutefois que le Souverain l'exerce, non ſelon les ſuggeſtions de la cruauté, ou de l'orgueil, mais conformément aux regles de la raiſon & à l'utilité commune des citoyens.

C'eſt ſe tromper, que de croire que la diſſolution, l'avarice, la violence, la cruauté, la perfidie, & tous les autres déréglemens qui ſont le malheureux fruit d'une funeſte licence, ſoient des caracteres & des privileges de la grandeur. Ce ſont des marques de fureur, & non de puiſſance: & pour s'en convaincre par l'exemple d'une grandeur ſouveraine, y a-t-il quelque Majeſté plus relevée & plus auguſte que celle de Dieu, que nous adorons comme le Seigneur & le Maître, non d'un peuple particulier, mais de l'Univers entier? Cet Etre ſuprême n'exerce pas néanmoins un pouvoir qui aille jusqu'à se permettre toute sorte d'excès: il se conduit, au contraire, par certaines loix qu'il s'est lui-même imposées; & il n'en est pas moins puissant, ni moins absolu, pour ne pouvoir pas s'éloigner le moins du monde de ce qui est le meilleur..... D'où vient donc que l'on se fait une autre idée du Prince? Pourquoi ne veut-on pas que celui qui représente Dieu ici-bas, se tienne à son exemple dans les bornes prescrites par la raison, & qu'il ne soit indépendant & autorisé à faire tout ce qu'il veut, qu'autant qu'il croit avoir les mains liées en tout ce qui est contre son devoir, & qu'il s'impose lui-même la nécessité de suivre cette maxime?

„ Nous sommes esclaves & faibles, dit un An-„ cien, mais il y a des Dieux puissans, & une „ Loi du juste & de l'injuste à laquelle les Dieux „ mêmes sont soumis. Car nous jugeons de leur „ conduite par cette loi ”..... „ Le Prince doit „ obéir à cette loi, dit Plutarque”... Pindare l'appelle *le Roi des mortels & des immortels*.... Et encore, *Minimum decet libere, cui multum licet*, dit le Poëte Séneque.

Il est juste, sans contredit, que le Prince qui se voit au dessus des autres par son rang, ne cede à personne en grandeur d'ame: & il n'est rien de plus absurde ni de plus honteux pour un Souverain que de tenir le langage qu'un ancien tragique met dans la bouche d'Atrée:

..... Sanctitas, Pietas, Fides,
Privata bona sunt: quà juvat, Reges eant.

Rien de plus criminel que ce langage, rien de plus indigne que de regarder comme le partage des particuliers les vertus qui entretiennent l'harmonie du monde; pendant que lui Prince ou Roi s'imagine être en droit de faire, non tout ce que demande le bien public, mais tout ce qui lui vient en fantaisie, sans autre raison que la force & les armes, qui néanmoins lui ont été mises en main pour protéger la vertu & faire fleurir les loix, & non pas pour le plonger impunément dans le crime.

Loin d'ici ceux qui prétendant que l'autorité souveraine est originairement & uniquement établie de Dieu-même, concluent de-là que, quand les sujets souffrent par les effets de la cruauté ou de la perfidie de leur Prince, celui-ci est à la vérité responsable de sa conduite davant la Majesté Divine, qui se trouve alors offensée; mais qu'il n'appartient pas aux faibles mortels de s'ériger en juges des actions du Souverain, quoi qu'il puisse faire. Ainsi pensait & parlait le féroce & barbare Mahomet II.

Quand même on accorderait que le Prince tient de Dieu la puissance souveraine, y a-t-il quelqu'un assez scélérat, assez impie, pour s'imaginer que cet Etre suprême, qui n'est pas moins infini en bonté qu'en grandeur, ait revêtu le Prince d'un tel pouvoir pour la ruine des hommes, & pour le mettre en état de se livrer sans réserve & impunément à toute sorte de crimes?

Quel homme assez impudent pour nier, que quand le Prince abuse insolemment du caractere dont Dieu l'a honoré, il ne se rende coupable &

envers Dieu dont il a passé les ordres, & envers ses sujets à qui il a fait du tort? Mais la vérité est, que la Souveraineté tire proprement & immédiatement son origine des hommes: & si quelquefois on se sert d'expressions qui semblent en faire Dieu l'auteur, c'est dans le même sens que les loix, & les autres établissemens faits ou abolis par les hommes, conformément aux maximes de la raison, sont regardés comme faits & abolis par la volonté de Dieu.

Qu'on dise en effet si on a jamais entendu parler qu'aucun Roi ou Prince, en un mot, aucun Magistrat Souverain, quelque titre qu'on lui donne, ait été envoyé du ciel, & non pas élu par la volonté & le consentement des hommes? N'est-il pas de la derniere évidence, que c'est uniquement la raison naturelle, cette lumiere sûre & véritablement divine, qui a la premiere uni les hommes entre eux, & qui leur a inspiré de former des loix & des gouvernemens civils, qui sont immédiatement formés & abolis par les hommes, pour l'entretien de la société, suivant les conseils de la raison, & par conséquent avec l'approbation de Dieu même.

Il est certain qu'à reprendre les choses dès la premiere origine, les noms de Souverains & de Sujets, de Maîtres & d'Esclaves, sont inconnus à la nature: elle nous a fait simplement hommes, tous égaux, tous également libres & indépendans les uns des autres. D'où vient en effet qu'elle a armé chacun des forces nécessaires pour se défendre?

D'où vient qu'elle inspire à chacun, en venant au monde, un amour-propre si tendre, si délicat, si invincible, qu'on ne saurait aimer jamais rien plus que soi-même? D'où vient qu'elle donne à chacun un vif sentiment de ce qui lui est utile ou nuisible, & qu'elle lui impose une nécessité inévitable de rechercher le premier & d'éviter l'autre? Pourquoi tout cela, si ce n'est parce qu'elle a voulu que ceux en qui elle a mis les mêmes facultés, soient revêtus des mêmes droits par rapport à toutes les choses qu'elle leur offre en commun pour leur propre conservation? .... De même que les autres animaux sont censés naître libres, parce qu'ils sont naturellement portés à chercher leur propre bien, & en état de se le procurer par leurs propres forces.

Cependant, quoique la nature ait donné à l'homme le droit de rechercher ce qui lui est avantageux, elle ne l'a pas pour cela autorisé à mal faire; au contraire, pour l'empêcher d'abuser de ce droit, elle l'a formé d'une façon particuliere, qui le met fort au-dessus du reste des animaux. Au lieu que ceux-ci n'ont en partage que les forces du corps, elle l'a de plus pourvu du secours de la raison, à la faveur de laquelle il peut non-seulement penser au présent, mais porter même ses vues sur l'avenir, les comparer l'un avec l'autre; préférer un moindre bien à un plus grand, & un bien de longue durée à un bien passager, discerner enfin ce qui est véritablement utile de ce qui ne l'est qu'en apparence.

Les hommes étant ornés de ſi belles facultés & du corps & de l'ame, il étoit naturel qu'ils cherchaſſent à ſe joindre les uns avec les autres ; ſoit pour l'union des deux ſexes, à laquelle ils ſe ſentaient entraînés par un doux penchant ; ſoit pour éviter l'ennui de la ſolitude, & pour trouver dans leurs ſecours mutuels de plus grandes commodités & en plus grand nombre, que chacun n'aurait pû en avoir tout ſeul ; ſoit enfin, pour ſe mettre à couvert des dangers que la faibleſſe de la condition humaine leur faiſait appréhender, s'ils continuaient à vivre chacun à part, diſperſés dans les forêts & les campagnes, continuellement expoſés & à la fureur des autres animaux, & aux inſultes des autres hommes, qui ſe trouveraient ou plus entreprenans, ou plus forts & plus robuſtes.

Mais la nature ne s'eſt pas bornée-là. Après avoir porté les hommes à vivre en ſociété par l'avantage réciproque qu'ils en eſpéraient, elle a voulu encore que pour former cette union & pour la rendre ferme & durable, en ſorte qu'elle ne pût pas facilement être troublée ou rompue, chacun obſervât avec ſoin dans la conduite de ſa vie tout ce ſans quoi la Société ne ſaurait ſubſiſter abſolument, ou ſe maintenir en bon état ; & cette loi naturelle peut être regardée comme une loi véritablement divine.

En effet, quiconque veut une fin, doit vouloir en même tems tous les moyens, ſans lesquels il n'eſt pas poſſible d'y parvenir ; c'eſt une maxime inconteſtable de la raiſon. Pourquoi donc ne dirait-on pas que, puisque Dieu voit ſans doute que la Société est utile & nécessaire aux hommes, & qu'il leur ordonne d'ailleurs de rapporter tous leurs desseins à la recherche de ce qui est capable de les rendre heureux ; il est conforme à sa providence & à sa sagesse infinie, decroire qu'il prescrit par cela même à chacun tout ce qui paraît propre à former & à entretenir la Société humaine, & qu'il lui défend au contraire tout ce qui tend à la troubler ou à la détruire.

Tenons donc pour une vérité constante & indubitable, que l'état de nature est un état de liberté, mais d'une liberté qui n'a rien de commun avec la licence ; en un mot, que quiconque suit la loi de la nature humaine, sous la direction de la raison, a droit de se servir de ses membres & de ses biens, pour se conserver, autant qu'il lui est possible, lui ou quelqu'autre personne en qui il prend intérêt ; de repousser une injuste violence, qui le menace de quelque mal, lui ou un autre ; & de punir même les injures qu'on peut lui avoir faites, non pour jouir du plaisir inhumain de la vengeance, mais pour faire un exemple qui serve à le mettre desormais en sûreté lui & les autres. Du reste, que de gaieté de cœur on fasse du mal à un autre homme, avec qui l'on est uni par la conformité d'une même origine & d'une même raison, qui est, comme nous, sensible au bien & au mal, & également l'objet des soins naturels & ordinaires de la providence divine ; cela est contre la raison, qui veut que les hommes soient sociables, & par conséquent qu'ils se rendent utiles & commodes les uns aux autres : car le

moyen

moyen de vivre avec ceux à qui l'on eſt nuiſible & fâcheux!

Plut-à-Dieu que les hommes euſſent tous bien compris l'importance & la néceſſité de cette loi ſacrée & inviolable de la nature! ils auraient pû certainement, ſelon leur deſtination naturelle, vivre chacun à ſon gré, & rien n'aurait obligé perſonne à ſe conduire par la volonté d'autrui, plutôt que par la ſienne propre. Mais une fâcheuſe expérience fit voir qu'il fallait prendre d'autres meſures. On reconnut que ſi chacun continuait de vivre à ſa volonté, il n'y aurait ni paix, ni repos, ni liberté parmi les hommes, mais des troubles, des craintes & des inſultes perpétuelles, & par conſéquent une vie triſte, malheureuſe, toujours ſur le point d'être ravie; parce que l'ambition & l'avarice, ces mauvais conſeillers, étouffaient les lumieres de la raiſon, ſur lesquelles la nature veut qu'on ſe regle, pour trouver le juſte tempérament d'une utilité ſolide... D'ailleurs, chacun décidant lui-même de ſes droits en dernier reſſort, & étant juge & vengeur du tort qu'il croyait avoir reçu, (car naturellement nul homme n'eſt ſoumis à la jurisdiction d'aucun autre;) quel moyen qu'on jugeât équitablement & ſans prévention dans ſa propre cauſe. L'un étoit préoccupé par les illuſions de l'erreur ou de l'ignorance; l'autre ſe aiſſait emporter à la colere, l'autre était ſéduit par l'avarice ou par quelqu'autre paſſion, qui l'empêchait de voir la vérité, & qui lui faiſait paſſer les bornes de la juſtice dans le maintien de ſes droits: d'où naiſſaient des diſputes, des querelles, des combats, des meurtres, des pillages, en un mot mille crimes, mille désordres.

Parmi tant de guerres & de guerres dont l'issue était si incertaine & si périlleuse, conçoit-on qu'il fut possible de vivre heureux & content? Qui est-ce qui pouvait compter sur ses forces ou sur son habileté, de telle sorte qu'il se crut à l'abri de la violence ou des embûches d'autrui en tout tems, en tout lieu, de la part de tous les hommes? Plusieurs donc las d'être ainsi dans des craintes & des inquiétudes perpétuelles, s'aviserent d'unir ensemble leurs forces, & de dresser le plan d'une Société, dans laquelle ils espérerent de trouver de si grands avantages, qu'ils renoncerent de bon cœur à une vie errante, sauvage & pleine de dangers, pour en embrasser une douce, paisible & tranquille; agissant en cela d'une maniere conforme à la loi de la nature, qui veut que chacun travaille à sa propre conservation.

Par cette communauté de droits où ils entrerent alors, ceux qui auparavant vivaient chacun en son particulier & dispersés de toutes parts, formerent un corps d'Etat, dans lequel ils convinrent que chacun jouirait de sa liberté sans donner aucune atteinte à celle des autres; & que si quelqu'un osait l'entreprendre, l'offensé ne repousserait pas l'insulte de son autorité privée, comme il pouvait le faire auparavant, mais qu'il serait défendu par les mesures concertées & les forces réunies de toute la Société.

Comme on vit ensuite qu'il n'était pas possible que tous les membres de la Société s'assemblassent à chaque moment pour régler les affaires publiques & particulieres; & que cependant il était nécessaire de défendre & de venger par les voyes conformes à la loi de la nature, ceux qui, au mépris des réglemens de la Société, viendraient à être insultés, ou à souffrir du dommage; on trouva à propos d'élire d'un commun accord quelque personne d'une probité & d'une sagesse reconnue, qui étant chargée du soin de veiller au bien de la Société, écoutât paisiblemement les raisons des parties, prononçât sur leurs démêlés, sans animosité, sans passion, & d'une maniere conforme à l'utilité publique, & maintînt le droit commun de la nature par une observation exacte d'une juste égalité.

Pour la mettre en état de s'acquitter d'un tel emploi, & de réprimer & la folie & la malice de ceux qui ou ne compendraient point, par stupidité, les avantages de la vie civile, ou les fouleraient insolemment aux pieds, par une férocité brutale, chaque membre de la Société conféra à cette personne les forces & le pouvoir qu'il tenait de la Nature.

Les anciens, entr'autres Cicéron, nous représentent à peu près de la maniere dont nous venons de parler, l'origine des Gouvernemens: „ *Omnes antiquæ gentes Regibus quondam paruerunt: quod genus imperii primùm ad homines justissimos & sapientissimos deferebatur.* (De „ Legib. Lib. III. Cap. 2)"..... „ Et ailleurs: „ *mihi quidem non apud Medos solùm, ut ait* „ *Herodotus, sed etiam apud majores nostros,* „ *justitiæ fruendæ causâ, videntur olim benè mo-*

„ *rati Reges constituti: nam cùm premeretur inops*
„ *multitudo ab iis, qui majores opes habebant,*
„ *ad unum aliquem confugiebant, virtute præ-*
„ *stantem, qui cùm prohiberet injuriâ tenuiores,*
„ *æquitate constituenda summos cum infimis pari*
„ *jure retinebat*". (De Offic. Lib. II. Cap. 12.)

Mais pourquoi ramener ici au commencement des Sociétés civiles, si ce n'est pour démontrer par la nature même & le but des Sociétés, que l'autorité du Souverain ne s'étend pas au-delà de ce qui est nécessaire pour le bien public;... que la Souveraineté n'est pas une chose naturelle, comme les loix de la Société; mais que les hommes naissant tous libres, & juges souverains chacun de ce qui regarde son propre avantage, ont, avec le tems, établi volontairement & par des conventions entr'eux, l'autorité souveraine du gouvernement civil.

Ainsi, quoique par un tel établissement chaque particulier ait cessé d'être lui-même le défenseur de sa propre liberté, & qu'il ne lui soit plus permis de vouloir que ce que le Prince ou le Magistrat Souverain juge être utile à la Société; cette puissance suprême n'a pas été établie pour la ruine des citoyens, mais pour leur défense, & pour régler tout ce qui regarde leur utilité commune... En un mot, on n'a pas prétendu se soumettre à tous les caprices bisarres & à toutes les fantaisies bourrues du Souverain, mais on s'est mis sous sa protection, en comptant sur sa bonne foi & sur son équité....

Y a-t-il la moindre apparence que des gens,

qui avaient le ſens-commun & qui ſe joignaient enſemble ſous un même gouvernement civil, à deſſein de s'aſſurer une jouiſſance paiſible & tranquille des biens qu'ils tenaient de la nature, ſoient venus à cet excès de folie, que de vouloir enſuite, lorſque la Société a été formée, détruire entiérement le but pour lequel ils l'avoient établie, & ſe dépouiller en faveur du Souverain de leurs droits & de leurs avantages naturels, pour être déſormais comme un troupeau de bêtes, dont le maître tire tout le profit qui en provient, les paît, les chaſſe, les traît, les tond, les tue, les écorche, les dévore, les mange, comme il le juge à propos ?

Loin d'ici une penſée ſi contraire à la raiſon, au ſens commun, à la loi de la nature ! Ce n'eſt pas pour avoir un Prince, un Roi, un Tyran, que l'on a ſubi le joug du gouvernement civil : mais la raiſon pourquoi chaque particulier a mieux aimé ſe ſoumettre au jugement de l'Etat, ou de ceux qui le repréſentent, que de conſerver le droit de ſon propre jugement, c'eſt afin qu'à la faveur du reſpect de la puiſſance Souveraine, il pût librement & en ſûreté faire d'ailleurs ce qu'il jugerait à propos, être maître de ſon corps, & diſpoſer de ſes biens.

Si l'on demande donc juſqu'où s'étendent les droits de la Souveraineté, il eſt aiſé de ſatisfaire en un mot à cette queſtion..... „ *Ideò Principes,* „ *Regesque, & quocumque alio nomine ſunt Tutores Status Publici*" ..&c. —— Séneque *de Clement.* Lib. I. Cap. 4.

Le Roi, le Prince ou le Magiſtrat Souverain, quelque titre qu'on lui donne, n'a reçu de pouvoir ſur ſes ſujets & ſur ce qui leur appartient, qu'autant que le demande l'intérêt de la Société civile, dont il eſt comme le tuteur, & autant qu'il en en faut pour faire en ſorte que chacun vive libre & en ſûreté ; mais s'il paſſe ces bornes & s'il emploie à un mauvais uſage les forces publiques & particulieres qu'on lui a miſes en main, il dément ſon caractere, il n'agit plus en Roi, en Prince, en Magiſtrat.

Que l'on conſidere, je ne dis pas de l'eſprit, mais des yeux ſeulement, toutes les clauſes & les conditions de l'acte par lequel on a déféré au Prince l'autorité ſouveraine, il eſt clair que ſi l'on eſt convenu, comme il n'y a rien de plus juſte, que le bien public ſeroit la ſouveraine loi : „ *Salus Populi ſuprema lex eſto*" ; il eſt hors de doute, que tant que le Prince agit pour cette fin, il eſt autoriſé par le peuple ; & que ſelon les regles de tout droit divin & humain, il peut punir ceux qui violent manifeſtement une loi établie pour maintenir le ſalut & la liberté de chacun, à laquelle tous ont donné leur conſentement par les lumieres de la raiſon naturelle, & par conſéquent avec l'approbation divine.

Mais lorſque le Prince va au-delà de ces juſtes bornes, & que, ſans conſulter d'autre regle que ſon caprice, il ſe ſert des forces publiques & particulieres dont il eſt armé, non pour procurer l'avantage du Peuple de qui il les tient, mais pour travailler à ſa ruine ; n'eſt-il pas de la derniere évidence qu'en ce cas-là il agit uniquement de son chef, & nullement en vertu du pouvoir que le Peuple lui a confié?

Il ne servirait de rien de distinguer ici les Princes à qui l'on a fait promettre solemnellement de veiller au bien public, faute de quoi ils seraient déchus du titre & des droits de la Souveraineté; & ceux à qui elle n'a pas été déférée sous clause commissoire: de quelque maniere que ce soit, le Prince tient toujours son autorité uniquement du peuple; & le peuple ne dépend jamais d'aucun homme mortel qu'en vertu de son propre consentement: du reste, il vit dans l'indépendance de l'état de nature, où la raison & Dieu lui-même permettent sans contredit de faire usage de ses forces, soit pour sa propre conservation & pour sa propre liberté, soit pour celle d'autrui.

Voilà qui est bien, dira-t-on, lorsque le peuple a astreint le Prince à suivre certaines loix: mais que dirons-nous des Princes qui ont été purement & simplement établis, sans s'engager à rien?..... Dieu nous garde de tels Princes! Ce n'est pas que la souveraineté ne puisse être conférée de la sorte à quelqu'un, quoiqu'avec beaucoup de lâcheté ou d'imprudence. S'il en faut même croire les monumens de l'antiquité, cela se pratiquait ainsi ordinairement dans la simplicité de ces premiers siecles, où les Rois étaient élevés sur le trône, non par des factions & des brigues, mais par l'opinion avantageuse qu'on avait de leur sagesse & de leur vertu.... En ce cas-là donc, le Prince gouverne l'Etat, comme il le juge à propos; sa volonté tient lieu de loi, & il a en un ſens un pouvoir illimité : cependant la nature même de la choſe, & la conſidération de la maniere dont les hommes agiſſent ordinairement, ne permettent pas de croire que le Prince ait été autoriſé à commettre toutes ſortes d'infâmies, de cruautés, de crimes, d'injustices, ſous prétexte que le peuple le regardant comme une perſonne de probité, l'a choiſi pour arbître ſouverain de ce qui concerne les intérêts, tant de l'Etat que de chaque citoyen, & n'a pas crû qu'il fut beſoin, en le revêtant d'un pouvoir ſi grand & ſi abſolu, de l'engager par un contrat ſolemnel à ce à quoi il paraiſſait porté de lui-même.... A plus forte raiſon, lorſque le peuple n'a pas expreſſement donné au Prince un pouvoir illimité, il doit être cenſé avoir ſtipulé de lui tacitement qu'il uſerait de ſon autorité, non ſelon ſon caprice, mais ſuivant les regles de la loi naturelle..... Qu'y a-t-il de plus conforme à la conſtitution des hommes, qui ne perdent jamais de vue leur propre bien, que d'expliquer leur intention de telle ſorte, qu'on préſume toujours qu'ils ne négligent point leurs intérêts, & qu'ils ne veulent pas être eux-mêmes la cauſe ou l'inſtrument de leur perte?

Si donc le Prince ſe conduit par cette maxime, s'il répond à l'attente du peuple, cela lui donne un droit inconteſtable de ſe faire obéir : mais s'il ne prend pas ſoin du peuple, ou qu'il travaille à le perdre, il agit contre la volonté du peuple, & par conſéquent ſans aucun droit. Car, quoique le peuple, en lui remettant purement & ſimplement toute ſon autorité, ſans ſe rien réſerver par une clauſe formelle, ſoit cenſé lui avoir conféré la ſouveraineté la plus abſolue; on ne doit pourtant pas préſumer, qu'il ait prétendu de lui donner plus de pouvoir, que n'en avait chaque particulier, avant la fondation des Sociétés civiles. Or qui eſt-ce qui avait alors le droit de ſe faire du mal, ou à lui ou aux autres? Perſonne, ſans contredit: chacun pouvait ſeulement veiller à ſa propre conſervation, & à celle d'autrui. Lors donc qu'ils ſe ſont joints pluſieurs en un corps de peuple, afin de jouir en commun de leurs droits naturels, & qu'ils ont pour cet effet établi ſur eux un chef, ou un Prince, il eſt clair qu'ils ont eu cela en vue, & rien autre choſe.

Ne ſe peut-il pas faire, dira-t-on peut-être, que le peuple ait voulu ſe ſoumettre à une domination deſpotique?.. Il eſt vrai qu'on a vû des peuples ſe réſoudre, non ſans beaucoup de peine, à cette fâcheuſe extrêmité où la néceſſité les réduiſait; lors, par exemple, qu'après de rudes échecs une nation ayant perdu la fleur de ſa jeuneſſe, & voyant l'Etat ſur le penchant de ſa ruine, ſe livrait, avec ſes villes, ſes terres, ſes dieux, ſes temples, & tous ſes droits divins & humains, entre les mains du vainqueur, ou de quelqu'autre peuple, à qui elle ſe rendait à diſcrétion. Ainſi les Campaniens, dont parle *Tite-Live*, s'adreſſent-ils au Sénat, & au peuple Romain: ... „ *Qandoquidem, noſtra tueri adverſus vim atque injuriam juſtâ vi non vultis; vestra certe defendetis.... Itaque populum Campanum, urbemque*

„ *Capuam, agros, Deos, delubra Deum, Divina* „ *humanaque omnia in vestram, Patres conscripti,* „ *populique Romani ditionem dedimus.* (Lib. VII, Cap. 13”.) Il en était de même dans une grande famine; on ne trouvait point d'autre ressource pour avoir de quoi s'entretenir, que de se donner à un autre à des conditions si dures; de même, lorsque les affaires se trouvaient dans une telle situation, qu'on croyait que l'Etat ne pouvait guere subsister que sous la domination, & la domination absolue, d'un seul homme.

En ce cas, celui qui est devenu le maître du peuple, aura-t-il donc lieu de croire qu'il peut disposer à son gré & selon ses caprices de tout ce qui concerne le salut de l'Etat & des citoyens, qui se sont ainsi rangés sous ses loix?.... Il est sûrement des gens qui soutiendront une pensée si étrange, & qui oseront dire qu'un tel peuple peut être regardé désormais comme une troupe d'esclaves, sur qui le Souverain absolu a tous les droits que chacun d'eux avait auparavant sur lui-même & sur ce qui lui appartenait: que le peuple y a consenti par cela même qu'il a donné au Prince un pouvoir illimité; & qu'ainsi il ne saurait légitimement se plaindre qu'on exige de lui une soumission à laquelle il s'est engagé volontairement. Qu'on sache donc que même dans un contrat de cette nature, le peuple qui se met à discrétion sous l'empire d'un autre, ne laisse pas d'avoir en vue son propre bien: de plus, on soutient que quand même il voudrait y renoncer entiérement, il ne serait pas en son pouvoir de le faire.

C'eſt ſans contredit une loi de la nature, que chacun recherche ce qui lui eſt utile, & évite au contraire ce qui lui eſt nuiſible. La Providence divine a établi cette loi pour la conſervation du genre-humain : „ *Naturalia quidem jura, quæ* „ *apud omnes gentes peræque obſervantur, divinâ* „ *quadam providentiâ conſtituta, ſemper firma* „ *atque immutabilia permanent*". (Inſtitut. Lib. I. Tit. II. §. II.) Ainſi perſonne ne doit s'en diſpenſer; & quand quelqu'un le voudrait, il ne le pourrait pas. Si quelquefois l'on ſouhaite le mal, ce n'eſt pas comme tel, mais comme une choſe où l'on ſe figure moins de mal que dans une autre dont on veut ſe délivrer.

Lors, par exemple, que l'on deſire la mort, après laquelle on dit communément que les malheureux ſoupirent; ſi on la demande à Dieu, ce n'eſt pas ſous l'idée d'une choſe mauvaiſe, mais comme la fin d'une vie triſte & miſérable. Cela étant, oſerait-on ſoutenir qu'un homme qui s'eſt engagé à quelque choſe de ſi avantageux qu'il n'y va pas de moins que de ſa perte, ſoit obligé par la loi naturelle de tenir religieuſement une telle convention ? Certainement, il n'a point eu par-là deſſein de ſe perdre, mais il s'eſt propoſé un bien qu'il ſe promettait de cet engagement funeſte.

Lors donc qu'il voit ſes eſpérances fruſtrées, il eſt clair qu'il n'a point donné ſon conſentement; car il trouve ce qu'il ne cherchait pas, & il ne trouve pas ce qu'il cherchait. Ainſi il eſt tenu par la loi naturelle, de ſuivre non ce en quoi il s'est trompé & qui entraîne sa ruine, mais ce qui est conforme à son propre avantage; aucun mal reconnu tel ne pouvant être l'objet de la volonté, ni souffrir seulement la moindre délibération.

On observe cette maxime dans les contrats de particulier à particulier: à combien plus forte raison doit-elle avoir lieu dans les traités publics, qui sont sans contredit de plus grande conséquence? Car, dans les premiers, il n'y a qu'une ou peu de personnes qui soient intéressées & qui puissent en souffrir, au lieu que des autres dépend la conservation d'une infinité de gens.

D'ailleurs, le corps d'un peuple se formant, comme personne ne l'ignore, par l'union du consentement de tous les particuliers, la raison ne permet pas de croire, qu'en se joignant ensemble ils ayent acquis sur eux-mêmes un droit que la nature refusait auparavant à chacun. En effet, le but de ceux qui ont fondé les Sociétés civiles, n'a pas été d'y faire cesser les obligations que la loi naturelle imposait auparavant à chacun; au contraire, c'est pour être en état d'y satisfaire paisiblement que chacun est entré dans la confédération.

Si l'on considere bien les choses, qu'est-ce que la loi naturelle, si ce n'est une regle de la raison, que Dieu même a établie pour diriger les actions des hommes, soit qu'ils vivent chacun en particulier, soit qu'ils fassent parite d'un corps où ils se sont rassemblés pour jouir paisiblement de leurs droits par leurs secours réciproques? A moins qu'on ne soit assez extravagant pour s'imaginer, que cés gens-là ont ceſſé d'être hommes, du moment qu'ils ont renoncé à la vie ſauvage & groſſiere qu'ils menaient auparavant, pour goûter les douceurs de la Société, & pour s'aſſurer la jouiſſance de leurs droits naturels, par l'établiſſement des Magiſtrats & des tribunaux civils.

Certainement, de quelque caractere que les hommes ſoient revêtus par la fortune, ils ne laiſſent pas d'être toujours hommes. La nature a tracé un certain modele pour toutes leurs actions & toutes leurs conventions, tant publiques que particulieres : en ſorte que dans quelque état qu'ils ſe trouvent, elles n'ont de force qu'autant qu'elles s'accordent avec cette loi primitive & éternelle, & par conſéquent avec la volonté divine ; laquelle ſe propoſant la conſervation & l'utilité de tous les hommes ſans exception, il s'enſuit que toute convention qui tend à la ruine du genre-humain, eſt entiérement contraire à la loi de la nature.

Mais, dira-t-on, un particulier peut vendre ſa liberté, pourquoi ne ſerait-il pas permis à un peuple entier de vendre la ſienne? Quand on accorderait ce point, cela ne ferait rien au ſujet. Il n'eſt pas queſtion de ſçavoir ſi celui qui s'eſt lui-même dépouillé de ſa liberté, doit ſe réſoudre à être Eſclave; mais ſi un peuple ou un particulier, après avoir conſenti à ſon Eſclavage, ne peut pas reprendre ſa liberté, lorſque celui qu'il s'était donné pour maître, uſe envers lui, ou par cruauté, ou par fureur, de toutes ſortes de mauvais traitemens?

On dira, ſans-doute, qu'un Eſclave eſt obligé

de tout souffrir : que c'est-là une suite nécessaire de la perte de la liberté & du droit de propriété que le maître a acquis sur lui ; puisque l'esclave n'étant pas réputé une personne, & appartenant à son maître, comme un bœuf, comme un âne, comme un pommier, comme un poirier, il est sans contredit permis au maître d'en faire ce qu'il lui plaît, tout de même que de son bétail, de ses arbres, & de ses autres biens, qu'il peut conserver ou détruire, selon que bon lui semble, soit par raison, soit par caprice, sans que personne ait droit de l'empêcher. Mais parlons franchement, c'est-là supposer faux & conclure mal : & si on fait usage de son bon sens, on n'entrera point dans une telle opinion, quelque grand nombre de partisans qu'elle puisse avoir.

A moins que de vouloir renverser le véritable nom des choses, la raison n'approuvera jamais que l'on appelle ce prétendu droit sans bornes, le droit d'un maître sur son esclave, ou d'un propriétaire sur son bien : elle nous le fait regarder plutôt comme une fureur, née uniquement de l'orgueil des hommes, & entiérement opposé au droit des gens, sur lequel est fondé l'établissement & de l'esclavage & de la propriété des biens.

En donnant quelques momens d'attention à la démonstration d'une vérité si importante, on peut s'en convaincre par des preuves sans réplique. Commençons par le droit d'un maître sur son Esclave, considéré en tant que celui-ci a résigné sa liberté.

A consulter les lumieres de la raison, on n'a pas

plus de sujet de ne compter pour rien un esclave dans la Société humaine, qu'on n'en aurait de regarder le maître sur ce pied-là. Un esclave est toujours homme: c'est la nature qui l'a fait tel; mais c'est le malheur de sa condition qui le rend esclave; ce qui arrive en différentes manieres.

L'un, après avoir été vaincu par les armes, est tenu lié, ou en prison: l'autre a la liberté de son corps sur sa parole. A l'égard du premier, le droit de la guerre demeure dans toute sa force entre lui & son vainqueur, n'y ayant point de convention qui l'ait fait cesser, car, aucun des deux ne se fie à l'autre, & c'est pour cela que le vainqueur tient le vaincu lié, ou en prison: en un mot l'esclave ne s'est engagé à rien envers son maître, ni le maître envers son esclave. Ainsi ils ont chacun les mêmes droits par rapport à l'autre, ils sont tous deux dans l'état de nature, tous deux indépendans, tous deux juges & vengeurs des injures qu'on leur fait; de sorte que si le maître veut châtier son prisonnier, ou le tuer même, il ne fait qu'user du droit de la guerre: mais d'un autre côté, le prisonnier à son tour peut, selon le droit des gens, se délivrer des mains de son ennemi, ou par la fuite, ou par la force, selon qu'il en a le moyen.

Que si quelqu'un est devenu esclave, non par un pur effet de la violence, mais en conséquence d'une parole donnée, soit que n'ayant pas de quoi subsister, il se soit de lui-même choisi un maître à qui il a lui-même vendu sa liberté; soit que son vainqueur lui ait donné la vie, à condition qu'il serait esclave: en ce cas-là, l'engagement où il entre, ne tend pas uniquement à l'avantage du maître, il se rapporte aussi à l'intérêt de l'esclave même. En effet, comme c'est le propre de toute convention, chacune des parties a eu alors en vue son propre bien : L'esclave, pour sauver sa vie, s'est engagé à servir son maître ; & le maître de son côté, lui a promis la vie, pour profiter de son service : de sorte que chacun y trouve son compte.

Comme donc l'esclave est tenu de servir son maître, de même le maître est indispensablement obligé, par le droit des gens, de donner la vie à son esclave. Que si le maître manque à ses engagemens, & qu'il maltraite si fort son esclave, que la vie devienne pour celui-ci un supplice & un supplice plus cruel que la mort même ; l'esclave est alors quitte de toute obligation, puisqu'il ne s'était engagé que pour son bien & nullement pour rendre sa condition insupportable. Etant donc rentré dans les droits de l'état de nature, il peut ou se sauver ou tuer même son ennemi.

En voilà assez pour ce qui regarde le pouvoir d'un maître, considéré comme celui en faveur duquel l'esclave s'est dépouillé de sa liberté : venons maintenant aux droits du maître, entant qu'il est propriétaire de son esclave. Ici l'on est dans une semblable erreur, ou dans un pareil aveuglement. Il n'est pas certainement de l'intérêt d'un propriétaire de détruire lui-même son bien. Il n'est pas besoin d'aller chercher bien loin des preuves : qu'on considere seulement dans quelle vue la raison a inspiré aux hommes d'introduire la propriété des

biens

biens. Eſt-ce qu'elle a voulu qu'on aſſignât à chacun ſa portion diſtincte, afin que le propriétaire pût diſſiper ſon bien à ſa fantaiſie? Point du tout: elle s'eſt propoſée que chacun fût en état de ſe ſervir paiſiblement, comme il le jugerait à propos, pour ſa propre conſervation, des choſes que la nature avoit offert à tous en commun. Si donc un propriétaire prodigue détruit ſon bien ſans néceſſité, c'eſt à lui à voir comment il pourra juſtifier une telle conduite; car dans l'eſprit des perſonnes ſages & attachées à ſuivre la loi naturelle, il paſſera pour un ſot ou pour un fol, & non pas pour un homme riche ou magnifique.

Y a-t-il rien en effet de plus abſurde ou de plus honteux, que de prétendre qu'une choſe nous appartient, parce qu'elle eſt devenue nôtre en vertu d'un titre fondé ſur la raiſon naturelle; & lorſqu'on la poſſede enſuite de la brûler, de la gâter, ou de la détruire, en ſorte qu'elle ne nous ſoit plus d'aucun uſage? Et ce n'eſt pas ſeulement le bon ſens qui condamne un tel abus, le droit civil même s'y oppoſe quelquefois.

En effet, n'eſt-ce pas pour cela que *la Loi des Douze Tables* donnait des tuteurs aux pupilles, & des curateurs aux inſenſés? N'eſt-ce pas pour cela que la Loi Létorienne ordonnait que les prodigues, qui diſſipent tout mal-à-propos, ſans regle ni meſure, fuſſent dépouillés par le juge de l'adminiſtration de leurs biens, & mis ſous curatelle entre les mains de leurs parens? N'eſt-ce pas pour cela que l'Empereur Marc-Aurele, ce Prince ſi religieux obſervateur de la juſtice, conſidérant le peu de conduite de la jeunesse, voulût le premier que dans la suite tous les jeunes gens eussent des curateurs, sans qu'on fût obligé d'en rendre d'autre raison que leur âge, au lieu qu'auparavant on n'en donnait que pour cause de démence, ou de débauche, selon la Loi Létorienne?

Ces sages Législateurs ont bien vu, qu'il était de l'intérêt public de ne pas laisser au propriétaire même le maniment de ses biens, tant qu'il serait dans un âge ou dans une situation d'esprit qui le porterait à ruiner son patrimoine, au lieu d'en prendre soin & de le gouverner en bon économe.

On n'ignore pas que selon le droit civil, un maître avait autrefois droit de vie & de mort sur son esclave; mais le but de ceux qui avaient fait cette loi, n'était pas d'autoriser les maîtres à abuser de leur pouvoir, on voulut seulement tenir par-là dans la crainte les esclaves fripons ou mutins, qui avaient besoin d'une discipline un peu sévere; & l'on crut ne pouvoir en remettre le soin à personne qui s'en acquittât mieux que les maîtres mêmes, qui avaient le plus grand intérêt à corriger leurs esclaves & à leur conserver la vie.

C'est ainsi que les loix rendirent sacrée & inviolable l'autorité paternelle, en donnant aux peres droit de vie & de mort sur leurs enfans; non qu'elles voulussent qu'un pere mît des enfans au monde pour leur ôter ensuite lui-même à son gré le jour qu'ils tenaient de lui; mais comme l'éducation des enfans est une chose fort délicate & fort difficile, on laissa aux peres tout le pouvoir nécesfaire pour imprimer du respect à leurs enfans. D'ailleurs, on fit réflexion, que l'avantage même des enfans demandait qu'il y eût quelqu'un qui dirigeât l'ardeur bouillante de la jeunesse; & il n'était pas à présumer que les peres traitassent leurs enfans avec trop de rigueur, eux qui ne pechent ordinairement que par trop d'indulgence. Mais comme on vit dans la suite, qu'il y avait des peres & des maîtres qui abusaient de leur pouvoir, & qui, au lieu de l'exercer avec affection, selon l'intention de la loi, en usaient avec cruauté; on modéra non-seulement l'autorité des peres, mais on établit même des juges qui connaissaient des plaintes des esclaves, & qui, lorsqu'un esclave avait éprouvé de la part de son maître des cruautés, des mauvais traitemens & des infamies insupportables, obligeaient le maître à le vendre, & cela sans qu'il pût faire un marché désavantageux à l'esclave.

Bien plus: Antonin le Pieux ordonna, que si quelqu'un tuait son propre esclave, sans que celui-ci lui en eût donné un juste sujet, il serait soumis à la peine que la Loi Cornélienne décernait contre les assassins, tout de même que s'il eut tué un esclave d'autrui.

„ *Hoc tempore nullis hominibus, qui sub imperio* „ *nostro sunt, licet sine causa legibus cognita, in servos suos sævire. Nam ex constitutione Divi Antonini, qui sine causa servum suum occiderit,* „ *non minus puniri jubetur, quam si alienum servum occiderit*"... (Instit. Lib. I. Tit. 8.)

Puisqu'en suivant les maximes de la raison on

a jugé à propos de mettre des bornes à l'esclavage des particuliers, pourquoi n'aurait-on pas la même équité pour une nation esclave? Revenons.......

Des Savans d'un certain ordre ont soutenu qu'un Prince, un Roi, à qui l'on défere la Souveraineté purement & simplement, sans rien stipuler de lui, & à plus forte raison, celui à qui l'on s'est soumis, comme à un maître absolu, était entiérement au dessus des loix; & ils ont cru le prouver invinciblement par l'exemple des Empereurs Romains, qui regnaient sur ce pied-là, comme il paraît, disent-ils, & par le témoignage formel de Dion Cassius, & par des déclarations authentiques du droit civil, car dans le Digeste on trouve ces paroles d'Ulpien, docte & grave Jurisconsulte: „ *Princeps Legibus solutus est: Augusta autem,* „ *licet legibus soluta non est, Principes tamen* „ *eadem illi privilegia tribuunt qua ipsi habent*": (DIG. Lib. I. Tit. 3. de Leg.) „ Le Prince est „ déchargé de l'obligation d'observer les loix: & „ pour ce qui est de l'Impératrice, quoique par „ elle-même elle ne soit pas au dessus des loix, le „ Prince, son époux, lui communique ses privileges".

Nous voilà donc renvoyés aux loix du Peuple Romain, aux décisions du droit civil: mais il faut ici des raisons, & non pas des autorités; car puisqu'il s'agit du pouvoir des Souverains en général, il ne sert de rien d'alléguer les loix de quelque Etat particulier; on doit chercher celles de tous les Etats, de tous les pays.

Cependant si on veut, à quelque prix que ce soit, en appeller au droit civil, quoiqu'on puisse le recuſer, on veut bien pourtant le reconnaître pour juge. On ne ſaurait pourtant ſe perſuader qu'un Juriſconſulte, auſſi éclairé qu'Ulpien & d'une intégrité auſſi connue, ait voulu, par une flatterie ſi lâche & ſi mal fondée, corrompre d'une maniere auſſi funeſte aux hommes, les regles de cette belle ſcience qu'il rapportait d'ailleurs avec tant de ſoin à l'avantage commun du genre-humain.

Mais, ne dit-il pas en termes exprès: „ que le „ Prince eſt déchargé de l'obligation d'obſerver „ les loix"?.. Cela eſt vrai: la queſtion eſt de ſavoir s'il a entendu parler des loix civiles ou des loix naturelles. Il n'excepte rien, dira-t-on: mais n'y a-t-il pas une loi primitive & fondamentale, vraie & juſte par elle-même, dont il n'eſt pas plus permis de rien retrancher que de l'abolir entiérement, qui ne ſaurait être abrogée ni par un Arrêt du Sénat, ni par une Ordonnance du peuple, & qui étant établie par la Providence Divine, eſt éternelle, conſtante, immuable, d'une obligation indiſpenſable en tous tems, en tous lieux, impoſée à toutes les nations & à tous les hommes ſans exception..... „ *Eſt quidem vera lex, recta* „ *ratio, naturæ congruens..... Huic legi nec* „ *abrogari ſas eſt, neque derogari ex hac ali-* „ *quid licet, neque tota abrogari poteſt. Nec* „ *verò aut per ſenatum, aut per populum ſolvi* „ *hac lege poſſumus..... Nec erit alia lex Ro-* „ *mæ, alia Athenis, alia nunc, alea poſthac:* „ *ſed & omnes gentes, & omni tempore una lex,* „ *& ſempiterna, & immortalis continebit; unus*

„ *quæ erit communis, quasi Magister & Imperator* „ *omnium Deus ille, legis hujus inventor, discep-* „ *tator, lator"*... &c. (Cic. apud Lactant. Lib. VI. Cap. 8.)

Vous voulez, dites-vous, que le Prince soit obligé, par rapport à Dieu, d'observer la loi naturelle: mais il ne s'ensuit pas de-là que les sujets aient droit de l'y contraindre; ainsi on peut dire véritablement à cet égard, qu'il est au dessus des loix, puisque, quoique la vertu & la bienséance l'engagent à les observer, il n'est pas permis à ses sujets de rien entreprendre contre lui, lorsqu'il les viole. C'est donc donner à une licence effrénée les mêmes prérogatives qu'à la conduite la plus légitime? C'est donc prétendre que, parce que Néron ne craignant pas les loix, il était en droit de faire empoisonner son frere Britannicus? Dira-t-on aussi sur ce même principe qu'un brigand de grand chemin, qui, par sa force ou par son adresse, trouve le moyen d'éviter la peine, a droit de détrousser & de tuer les passans? En vérité, on ne peut qu'être fâché, par amour pour ceux qui tiennent un pareil langage, qui approche fort de l'impiété.

On n'ignore pas que tout ce qui est permis par les loix, n'est pas conforme aux regles de l'honnête; & que tout ce qui est honnête, n'est pas prescrit par les loix, sous quelque peine: mais cette distinction n'a été faite qu'en faveur de la canaille, de la vile populace, qui, à cause de son ignorance, de sa grossiéreté, de sa stupidité, de sa paresse, est dispensée par-là d'atteindre à la perfection de la vertu & de la ſageſſe, & non pas autoriſée à commettre, ſans crime & ſans infamie, des excès de débauche, des méchancetés, ou des fourberies. Du reſte, cela ne regarde nullement ceux qui ſe piquent d'être ſages ou gens de bien; & moins encore le Prince, le Roi, dont le haut rang demande qu'il ne ſe croie permis, on ne dit pas rien de honteux & de criminel, mais rien qui ne ſoit beau & honnête, rien en un mot qui ne ſoit digne de lui. Car, étant établi en la place de Dieu pour gardien de la loi naturelle, & pour juge de ce qui concerne cette utilité modérée, ſage & ſalutaire, dans laquelle conſiſte la vertu & l'honnête; de quel front oſerait-il s'attribuer le privilege de faire quelque choſe de contraire aux regles de l'honnête, c'eſt-à-dire, de l'utilité vraie & ſolide?

Mais heureuſement Ulpien lui-même, du ſentiment de qui il s'agit, eſt tout-à-fait dans cette penſée, comme il le donne à entendre dans les exemples ſuivans: „ lors, dit-il, que l'on permet „ de faire quelque choſe dans un lieu public, il „ ne faut le permettre qu'autant que cela peut ſe „ faire ſans cauſer du préjudice à perſonne: & „ c'eſt ainſi qu'en uſe ordinairement le Prince, „ lorſqu'on lui demande la permiſſion d'entrepren- „ dre quelque nouvel ouvrage". —— *Nam quotiensque aliquid in publico fieri permittitur,* „ *ita oportet permitti, ut ſine injuria cujuſquam* „ *fiat: & ita ſolet princeps, quotiens aliquid novi* „ *operis inſtituendum petitur, permittere*". (DIG. Lib. XLIII, Tit. 8.) Le même Juriſconſulte dit ail-

leurs, que „ ſi un pere inſtitue l'Empereur ſon héri-
„ tier au préjudice de ſes enfans, ceux-ci peuvent
„ faire caſſer le testament, & que les Empereurs
„ eux-mêmes l'ont fort ſouvent déclaré par des
„ reſcrits". —— „ *Si Imperator ſit heres inſtitutus,*
„ *poſſe in officiorum dici teſtamentum, ſæpiſſimè*
„ *reſcriptum eſt*". (DIGEST. Lib. V. Tit. 2.) D'où il paraît, que ſelon les idées d'Ulpien, le Prince n'eſt pas moins indiſpenſablement tenu à l'obſervation des loix naturelles, qu'un ſimple particulier.

On va plus loin, on ſoutient qu'il eſt auſſi obligé d'obſerver les loix civiles. On ſe recriera ſans doute: mais rien n'eſt plus facile que de le démontrer d'une maniere convaincante. C'eſt ce que témoignent manifeſtement des reſcrits d'Hadrien & d'Alexandre Sévere, au ſujet de la loi Falcidienne. „ *Et in legatis Principi datis le-*
„ *gem Falcidiam locum habere, merito Divo Ha-*
„ *driano placuit*". Le même Alexandre fait mention ailleurs de la loi de l'Empire, & il dit, que par cette loi l'Empereur était diſpenſé, non pas de ſe conformer à toutes les loix du droit civil, mais ſeulement de ſuivre les formalités du droit...
„ *Licet enim Lex Imperii ſolemnibus juris Impera-*
„ *torem ſolverit; nihil tamen tam proprium Imperii*
„ *eſt, quam legibus vivere*". (COD. Lib. VI. Tit. 22.)
„ Encore que la Loi de l'Empire ait dégagé l'Em-
„ pereur de la néceſſité d'obſerver les formalités du
„ droit, il n'y a rien de ſi inſéparablement attaché
„ au caractere de la Puiſſance ſouveraine, que de
„ vivre ſelon les Loix". On trouve les paroles ſuivantes dans un reſcrit de Théodoſe & de Valenti-

nien : „ C'eſt une choſe digne de la Majeſté du „ Souverain, qu'un Prince ſe reconnaiſſe lui-mê„ me aſtreint à ſuivre les loix : de ſorte que notre au„ torité dépend de l'autorité du droit". —— „ *Digna* „ *vox eſt Majeſtate Regnantis, legibus alligatum* „ *ſe Principem profiteri. Adeò de auctoritate ju*„ *ris noſtra pendet auctoritas.* —— *Et reverà majus* „ *Imperio eſt, ſubmittere legibus Principatum.* „ *Et oraculo præſentis Edicti, quod nobis licere* „ *non patimur, indicamus*". (Cod. Lib. I. Tit. 14.) „ Soumettre ſa volonté aux Loix, eſt pour un „ Prince quelque choſe de plus grand, que la ſou„ veraineté même. Nous indiquons donc par le „ préſent édit ce que nous jugeons ne nous être „ pas permis".

Voilà le langage d'un Prince qui ſe fait une juſte idée de ſon pouvoir; car les loix civiles ſont établies pour le bien public, & on ne ſaurait raiſonnablement en faire aucune qui ne ſe rapporte à ce but, le droit civil n'étant autre choſe que ce que chaque peuple juge utile à ſon état.

Or le Prince eſt chargé du ſoin de veiller & de pourvoir à ce qui concerne le bien public : pourquoi ne ſerait- il donc pas lui-même ſoumis aux loix civiles, qu'il reconnaît être avantageuſes à l'Etat? Mais, dira-t-on, il eſt Prince, c'eſt-à-dire le premier de l'Etat : qu'on ajoute, ſi l'on veut, qu'il en eſt le chef : il ne laiſſe pas pour cela de faire partie de la ſociété civile : en vertu de quoi donc ne devrait-il pas conformer ſes actions au bien public, comme tous les citoyens y ſont indiſpenſablement obligés? C'était-là l'opinion des Anciens, comme il paraît par ce que rapporte un Historien, en parlant du mariage de Claudius & d'Agrippine, qui était alors regardé comme incestueux par les loix civiles. „ Sous le consulat de C. Pompeius & de Veranius, quoique le mariage fût „ arrêté entre Claudius & Agrippine, que la renommée le publiât, & que leurs caresses en „ donnassent des assurances, ils n'osaient encore „ le célébrer ouvertement, parce qu'on n'avai „ jamais vu à Rome un oncle épouser sa niece: „ ils étaient même frappés de l'idée de l'inceste, „ & ils craignaient que les Dieux ne les punissent „ par quelque calamité publique. Ces difficultés „ les empêcherent de passer outre, jusqu'à ce „ qu'enfin Vitellius entreprit de les lever par ses „ artifices. Il demanda donc à l'Empereur, s'il „ ne se rendrait pas à la volonté du peuple & à „ l'autorité du sénat? Et comme Néron eût répondu, qu'étant du nombre des citoyens, il ne „ pouvait pas s'opposer à leur consentement, il „ lui dit d'attendre dans son palais la réponse qu'on „ ferait là-dessus". C'est ce que nous apprend Tacite: „ *Percunctatusque Cæsarum, an jussis „ populi, an auctoritati senatus cederet? Ubi ille „ unum se civium, & consensui imparem respon- „ dit, opperiri intra palatium jubet*". (TACIT. Ann. Lib. XII. Cap. 5.

Cependant, dira-t-on, l'autorité d'Ulpien n'en est pas moins expresse, elle porte en termes généraux: „ que le Prince est déchargé de l'observation „ d'observer les loix". On le sait: mais on demande quand & par quelle loi en a-t-il été exempté?

C'eſt, dit-on, par *la Loi de l'Empire* faite ſous Auguſte, car alors le peuple Romain transféra à lui & en ſa perſonne tout ſon Empire & tout ſon pouvoir. Mais, qui que vous ſoyez, qui vous fondez là-deſſus, ſachez que ce que la plupart des Empereurs, depuis Auguſte, ont reçu ou par un ſeul Arrêt du Sénat, ou par une ſeule Loi, que les anciens Juriſconſultes appellerent enſuite la *Loi de l'Empire*; Auguſte le reçut ſous un autre nom, & par pluſieurs Loix ou Ordonnances du Sénat, faites en divers tems. Si cela vous ſurprend, conſidérez avec attention la ſuite de la vie d'Auguſte, parcourez tous ſes Conſulats ſelon l'ordre dans lequel Dion-Caſſius les rapporte, vous trouverez qu'il n'y a rien de plus vrai. Une choſe encore que perſonne n'a remarquée, c'eſt que, quelle qu'ait été l'ordonnance du Sénat, par laquelle Auguſte fut exempté de l'obſervation des loix, ce n'eſt pas la même par laquelle l'Empire lui fut déféré. En effet, ſi l'on en croit Dion, l'Empire lui fut déféré à ſon ſeptieme Conſulat; au lieu que, ſelon le même auteur, le Sénat ne le déchargea de l'obſervation des loix qu'au dixieme Conſulat. Alors il ne fut pas même mis au deſſus de toutes les loix, mais d'une ſeule, on veut parler de la loi Cincienne; quoique Dion s'exprime à ce ſujet en termes trop généraux, on peut ſe fonder ſur la narration même de cet hiſtorien.

En parlant de la raiſon pourquoi le Sénat diſpenſa Auguſte d'obſerver les loix, il dit qu'ayant promis au peuple un préſent d'une ſomme qui devait être diſtribuée entre tous à tant par tête, il feignait de ne pouvoir tenir ſa parole ſans l'approbation du Sénat. Afin donc que cet Empereur pût faire des libéralités qui allaient au delà de ce que permettait la loi *Cincienne*, Dion dit, que le Sénat l'exempta de l'obſervation des loix. Cette expreſſion, ſelon l'uſage des Romains, ne ſe devait entendre que de la loi Cincienne: mais Dion, qui était Grec de Nation, l'étendit à toutes les loix généralement, ſoit par ignorance ou par flatterie, toujours ſans aucune raiſon.

On trouvera ſans-doute bien hardi & bien téméraire, d'oſer, dans un fait ancien & de l'hiſtoire Romaine, démentir un Conſul Romain, & un hiſtorien célebre. Mais il vaut mieux contredire Dion, que la vérité; car il avoue lui-même, que le Sénat, en déchargeant Auguſte de l'obſervation de la Loi Cincienne, ſe ſervit de l'expreſſion déja rapportée: or il s'agit de démontrer plus bas, que les anciens n'entendaient point par-là une exemption de toute Loi divine & humaine, mais d'une ſeule Loi, ſavoir celle dont il s'agiſſait. Ajoutons à cela, que l'année ſuivante MCCXXX de la fondation de Rome, c'eſt-à-dire, ſous le onzieme conſulat d'Auguſte, le ſénat, au rapport de Dion, revêtit ce Prince à perpétuité du titre & du pouvoir de Tribun du peuple, & lui permit de plus de propoſer ce qu'il lui plaîrait toutes les fois que le ſénat ſe tiendrait, encore même qu'il ne fut pas Conſul. Il ordonna encore, qu'Auguſte en entrant à Rome ne ſe démettrait pas de l'autorité de Proconſul, & qu'il n'aurait pas beſoin d'y faire renouveller ſa commiſſion. Enfin, il voulut que quand Auguſte ſerait dans les provinces, il y eût plus de pouvoir que les gouverneurs mêmes.

Tout cela ne donne-t-il pas à entendre clairement, que l'on déchargeait alors l'Empereur de l'obſervation de quelques loix du droit public, auxquelles il était ſoumis auparavant? Comment Dion a-t-il donc pu écrire qu'il avait été diſpenſé de toutes les loix, dans un de ſes Conſulats précédens? Pour ne pas dire, qu'au rapport du même hiſtorien, ſous le Conſulat de C. Sentius, & de Q. Lucretius, c'eſt-à-dire, l'an de Rome MCCXXXV, on accorda entr'autres choſes à Auguſte la permiſſion de tout réformer, comme il le jugerait à propos; de faire telles loix que bon lui ſemblerait, & de leur donner ſon nom : ce qui ſeul ſuffirait pour faire voir qu'il n'avait pas encore le droit de rien faire contre les loix..... On trouve auſſi dans Dion un autre fait bien remarquable, c'eſt qu'en parlant du regne de Caligula, il dit que pour autoriſer ce Prince à agir contre la Loi *Julienne* & *Papienne*, à l'égard des biens ſujets au droit d'aubaine, il fallut que le ſénat l'exemptât de cette loi: or aurait-il été beſoin de cela, ſi Auguſte & Tibere avaient déja eu ce privilege?

Il eſt donc clair, quoiqu'en diſent Dion & d'autres après lui, qu'Auguſte ne fut pas dégagé de l'obſervation de toutes les loix, mais ſeulement de celles dont le Sénat le diſpenſa nommement; & que du reſte il était tenu d'obſerver les autres, de même qu'un ſimple citoyen. Tous ſes ſucceſſeurs eurent le même droit, & rien davantage : car qu'eſt-ce qu'on leur donna? L'Empire, ſur le pied qu'Auguſte l'avait eu : voilà tout. La ſeule différence qu'il y eut entr'eux & lui, c'eſt que les ſucceſſeurs d'Auguſte, dès leur avénement à l'Empire, reçurent tout à la fois par un ſeul Arrêt du Sénat ou par une ſeule Loi, ce qui n'avait été accordé à Auguſte que par pluſieurs Loix, ou pluſieurs Ordonnances du Sénat, faites en divers tems.

Quel témoignage plus certain & plus authentique pourrait-on alléguer à ce ſujet que la Loi de l'Empire, par laquelle l'Empire fut déféré à Veſpaſien? Telles ſont les parole qui ſe trouvent dans un fragment de cette Loi, qui ſe voit ſur une table de cuivre, au Palais de St. Jean de Latran à Rome.... „ *Utique. Quibus. Legibus. Plebeive.* „ *Scitis. Scriptum. Fuit. Ne. Divus. Aug. Tiberiusve. Julius. Cæſar. Aug. Tiberiusque. Claudius. Cæſar. Aug. Germanicus. Tenerentur. Iis.* „ *Legibus. Plebisque. Scitis. Imp. Cæſar. Veſpaſianus. Solutus. Sit. Quæque. Ex. Quaque. Lege.* „ *Rogatione. Divum. Aug. Tiberiumve. Julium.* „ *Cæſarem. Aug. Tiberiumve. Claudium. Cæſarem. Aug. Germanicum. Facere. Oportuit. Ea.* „ *Omnia. Imp. Cæſari. Veſpaſiano. Facere. Liceat*".

„ Que l'Empereur Veſpaſien ſoit exempt d'ob„ ſerver les loix & les ordonnances du peuple, „ dont il a été ordonné qu'Auguſte, Tibere, Ju„ les-Céſar & Claude ſeraient diſpenſés : & qu'il

„ ſoit permis à Veſpaſien de faire tout ce qu'Au„ guſte, Tibere, Jules-Céſar & Claude ont dû „ faire en vertu de quelque loi".

Qui peut douter après cela, que le Prince ait reçu par la Loi de l'Empire le privilege de ne pas ſuivre non toutes ces loix ſans exception, mais ſeulement celles dont Auguſte & ſes ſucceſſeurs avaient été formellement diſpenſés?

Il eſt conſtant qu'on ne ſaurait ſe prévaloir de l'autorité d'Ulpien, pour prouver que les Empereurs avaient une puiſſance ſans bornes. Qu'on défende autrement, ſi l'on peut, ce prétendu pouvoir au deſſus de toute loi & abſolument illimité, que l'on attribue aux Souverains; qu'on faſſe ſonner bien haut l'exemple des Empereurs Romains, comme favorable à une opinion ſi dure, ſi cruelle, ſi barbare, ſi inhumaine; il n'en ſera pas moins vrai, que ces Princes mêmes étaient indiſpenſablement tenus d'obſerver toutes les loix & naturelles & civiles, à la réſerve d'un petit nombre de loix du droit public ou particulier.

Mais, dira-t-on, par la Loi de l'Empire les Empereurs acquirent le droit de faire tout ce que bon leur ſemblerait ſans être obligés d'en rendre compte à perſonne; de ſorte que depuis ce tems leur pouvoir ne fut plus borné à gouverner ſelon les loix, ils étaient maîtres des loix mêmes. Le témoignage d'Ulpien eſt exprès: „ *Quod Principi placuit, legis habet vigorem: ut pote cum* „ *lege Regia, quæ de imperio ejus lata eſt, populus ei & in eum omne ſuum imperium & poteſtatem conferat*". (Dig. Lib. I. Tit. 4.)

„ Ce que le Prince trouve bon, a force de Loi;
„ la raiſon, c'eſt que par la Loi Royale ou de
„ l'Empire, qui a été établie pour régler ſon auto-
„ rité, le peuple lui a transféré à lui & en ſa
„ perſonne tout ſon Empire & toute ſa puiſſan-
„ ce".

On ne doit pas être ſurpris d'un argument ſi frivole & ſi peu concluant; mais on doit l'être de ce que ſur un tel fondement des gens doctes abandonnent les principes de la Loi naturelle, pour entrer dans une opinion abſurde.

Ils diſent que le Prince, comme tel, n'eſt point tenu de rendre compte à l'Etat de ſa conduite; je ne le nie pas: que ſon empire s'étend ſur les loix mêmes; ſoit: que ſa volonté tient lieu de loi, en un mot, que le peuple lui a conféré à lui & en ſa perſonne, tout ſon Empire & toute ſa puiſſance; je le veux. Mais que s'enſuit-il de-là? Cela lui donne-t-il droit de tout changer, de tout bouleverſer, de faire des choſes qui tendent à la ruine de l'Etat & des citoyens?... Non, Non, le peuple Romain ne penſait à rien de tel, ni Ulpien non plus. Ce Juriſconſulte a voulu ſeulement nous apprendre, que l'Empereur avait reçu le pouvoir de faire des loix, de la maniere qu'il jugerait à propos, ſoit par des reſcripts, des conſtitutions, des édits; du reſte, il ne le ſouſtrait point à l'obligation indiſpenſable de cette loi primitive & ſouverainement juſte, qui étant établie pour le bien commun de tous les hommes, ne ſaurait être changée, affaiblie ou détruite par aucune loi, ni aucune convention.

Pour

Pour ce qui eſt de l'intention qu'avait le peuple Romain en déférant l'autorité ſouveraine à ſes Empereurs, voici le jugement d'Ammien-Marcellin. Cet hiſtorien parlant du changement arrivé dans le gouvernement de l'Etat, dit: „ que „ la République Romaine, étant ſur ſon déclin, „ & voulant paſſer en repos le tems de ſa vieil„ leſſe, ſe déchargea ſur les Empereurs, com„ me ſur ſes enfans, du ſoin de gouverner ſes „ biens; agiſſant par-là en mere bonne, ſage & „ riche, & non pas en dénaturée, ou en inſen„ ſée"..... „ *Frugi parens, & prudens & di-* „ *ves, Cæſaribus tanquam liberis ſuis regenda* „ *patrimonii jura permiſit*".... (Lib. XIV. Cap. 16.)

Lactance étoit dans la même penſée, à moins qu'on ne veuille donner un autre ſens aux paroles qu'on va rapporter, par lesquelles il cenſure ſi vigoureuſement l'orgueil & l'inſolence de Maximien le Jeune, qui imitait la tyrannie des Rois de Perſe: „ Après avoir vaincu les Perſes, dit-il, parmi les„ quels c'eſt une coutume établie que les ſujets ſe „ ſoumettent à une domination deſpotique, & „ que les Rois traitent leurs peuples en eſclaves, „ ce ſcélérat voulut introduire une telle coutume „ dans les pays de l'Empire Romain, & depuis „ cette victoire il en faiſait l'éloge ſans aucune „ honte dans toutes les occaſions"... „ *Nam poſt* „ *devictos Perſas, quorum hic ritus, hic mos eſt,* „ *ut Regibus ſuis in ſervitium ſe addicant, & Re-* „ *ges populo ſuo tanquam familiâ utantur; hunc*

„ *morem nefarius homo in Romanam terram vo-*
„ *luit inducere, quem ex illo tempore victoriæ*
„ *sin epudore laudabat*". (De mor. persecutor. Cap. 21).

Mais laissons-là les autorités, quelques graves & justes qu'elles soient. Ce qu'on avance, on peut le prouver par les paroles mêmes de la Loi de l'Empire, où l'on trouve le formulaire de l'acte par lequel on conférait la Souveraineté à l'Empereur, & dont Ulpien a exprimé le sens à sa maniere, & non dans les termes mêmes de la loi: de sorte que si après cela on veut encore se fonder sur le passage dont il s'agit, pour en tirer une conséquence si absurde, également contraire & à la teneur de la loi, & à la pensée d'Ulpien, il n'y a que des ignorans, ou des esprits mal faits, ou de mal honnêtes gens, qui soient capables d'approuver de pareils raisonnemens.

Voici donc les propres termes du fragment de la Loi Royale ou de l'Empire, que l'on conserve dans le Palais de St. Jean de Latran: „ Que Vespa-
„ sien ait le droit & le pouvoir de faire tout ce
„ qu'il jugera avantageux à la République, &
„ convenable à la majesté des choses divines &
„ humaines, publiques & particulieres, tels que
„ l'ont eu les Empereurs Auguste, Tibere, Jules-
„ César & Claude".... „ *Utique. Quæcumque.*
„ *Ex. Usu. Reipublicæ. Majestate. Divinarum.*
„ *Humanarum. Publicarum. Privatarumque. Re-*
„ *rum. Esse. Censebit. Ei. Agere. Facere. Jus.*
„ *Potestasque. Sit. Ita. Uti. Divo. Aug. Ti-*

„ *berioque. Claudio. Cæsari. Aug. Germanico.*
„ *Fuit*".

Que fait ici le peuple? Il donne à Vespasien un pouvoir fort étendu & illimité, comme celui dont Auguste avait été revêtu. Pourquoi? Dans la même vue qu'un procureur chargé d'affaires est autorisé à gouverner, comme il le juge à propos, les choses qu'on lui met en mains. Or, on ne présume jamais que par-là il ait acquis le droit de ruiner les affaires de celui qui s'est reposé sur lui: on suppose toujours qu'il les gouvernera avec plein pouvoir, mais de bonne foi.

C'est une maxime que la raison & le droit civil établissent de concert à l'égard des procureurs de particulier à particulier: & c'est aussi ce que le peuple Romain a devant les yeux, en confiant les soins des affaires de l'Etat au Prince qui est l'administrateur public.

L'Empereur Adrien protesta souvent, & dans l'assemblée du peuple & dans le Sénat, „ qu'il „ gouvernerait, comme ayant en mains le manîment des affaires du peuple, & non pas des „ siennes propres"..... *Et in concione, & in* „ *Senatu sæpe dixit, ita se Rempublicam gestu-* „ *rum, ut sciret populi rem esse, non suam*". (SPARTIAN. Cap. 8.) Et Alexandre Sévere disait en propres termes: „ que l'Empereur était „ le procureur ou l'économe du peuple" .... „ *Dispensator publicus*". (LAMPRID. Cap. 32.)

Le peuple ne prétend pas autoriser le Prince a faire tout ce qu'il veut, à son gré, selon ses fantaiſies, ſes caprices, ni lui donner un pouvoir abſolument ſans bornes, mais un pouvoir auſſi grand que le demande *le bien de l'Etat & la majeſté des choſes divines & humaines, publiques & particulieres.* En un mot, le Peuple établit le Prince pour être une loi vivante, qui puiſſe s'accommoder à la diverſité infinie des conjonctures, qui ſurviennent dans les affaires humaines; au lieu que les loix écrites ſont toujours uniformes, & ne ſauraient, lors même qu'elles ſont dreſſées avec la plus grande exactitude, exprimer tous les cas, ni prévenir même tous les inconvéniens poſſibles; pour ne pas dire qu'il y a des choſes utiles en un tems, qui deviennent nuiſibles en un autre: car, qui ne ſait que le bien de l'Etat demande, par exemple, tantôt que l'on entreprenne la guerre, tantôt que l'on faſſe la paix, & que l'on agiſſe dans la proſpérité autrement que dans l'adverſité?

Pendant que les Romains vécurent ſous un gouvernement Républicain, quoique les Magiſtrats euſſent quelque part aux affaires, la déciſion en dépendait principalement du Peuple, qui, outre qu'il ne s'aſſemblait pas tous les jours, agiſſait avec une lenteur ſouvent préjudiciable; les factions & l'avarice faiſaient naître mille difficultés, mille obſtacles, mille retardemens, & d'ailleurs chacun d'ordinaire n'enviſageait pas les choſes du même côté ni de la même maniere.

Lors donc que l'on eut enſuite établi un Prince, on crut qu'il était de l'intérêt public que ſon pouvoir ne fût pas borné, comme l'était celui des

Prêteurs ou des Consuls, mais souverain & indépendant. On ne prétendit pourtant pas qu'il eût le droit de charger ou d'abolir à son gré des loix justes & utiles: on voulut seulement qu'il eût plein pouvoir, comme l'avait auparavant l'assemblée du Peuple, d'adoucir ou d'abroger des loix trop dures ou desavantageuses, & de remédier, selon sa prudence & ses forces, aux cas imprévus qui surviendraient désormais.

Sur ce pied-là, on peut très bien dire que, par la loi de l'Empire, l'Empereur était revêtu de tout le pouvoir du peuple, & qu'il avait un empire souverain même sur les loix, mais qui néanmoins était renfermé dans les bornes du bien public, & comme le porte expressément la loi de l'Empire, *de la majesté des choses divines & humaines, publiques & particulieres.*

On ne nie pas que les Empereurs n'aient souvent agi comme s'ils ne devaient suivre d'autre regle que leurs caprices, & ne se soient tout permis, sans se mettre en peine si ce qu'ils faisaient, ou qu'ils négligeaient, était convenable à leur caractere & à leur engagement.

On frémit, quand on pense aux excès horribles dans lesquels ils se sont plongés, & on est touché de compassion de voir le premier peuple du monde réduit à souffrir des traitemens si indignes de la part de ses citoyens. Qu'on se figure un Tibere, un Caligula, un Néron, dont les noms devraient être écrits dans l'histoire en caracteres de sang, un Vitellius, un Domitien, un Commode, &c. &c. &c. &c. &c. &c. &c.

Voilà ces peres de la patrie, ces Princes ſages, pieux, fortunés, bien-aimés, dignes ſans contredit d'auſſi beaux titres ou d'autres ſemblables que la flatterie a inventés ! Peut-on nier que ces Empereurs n'aient été des tyrans, des monſtres, qui ne reſpiraient que ſang & carnage, pleins de vanité, d'orgueil, qui n'aimaient que calomnies, rapines, infamies, inceſtes, adulteres, parricides, brigandages, cruautés horribles, déſolations, fureurs, férocités brutales, infiniment au deſſus de toutes les plaintes qu'on faiſait de leur gouvernement, & même au deſſus de l'horreur avec laquelle ils étaient regardés & à Rome & dans les provinces ? Ces tyrans, ces monſtres, car on ne ſaurait donner le nom d'hommes à des gens qui avaient dépouillé tout ſentiment d'humanité ; lorsqu'ils voulaient empoiſonner les gens du Sénat, mettre le feu à la ville, & y lâcher des bêtes féroces ; lorsqu'ils ſouhaitaient que le peuple n'eût qu'une tête, pour avoir le plaiſir barbare de la faire ſauter d'un ſeul coup ; lorſqu'ils cherchaient le moyen de ne laiſſer à perſonne rien de ce qui lui appartenait ; lorſqu'immolant à leur rage toutes les perſonnes de probité & d'un mérite diſtingué, ils ne faiſaient du bien qu'à des aſſaſſins, à des empoiſonneurs, à des comédiens, à des bouffons, à des cochers, à des gladiateurs, à d'infames & impudiques créatures, en un mot à tous ſcélérats ; lorſqu'ils ſe conduiſaient de cette maniere, pouvait-on dire qu'ils agiſſaient comme Princes, en vertu de la loi de l'Empire, & qu'on fût obligé de leur obéir par le droit divin & humain? Ne se montraient-ils pas, au contraire, vrais tyrans, avec qui, par conséquent, personne n'était uni par aucun lien du droit humain & divin? „ *Nulla enim* „ *nobis societas cum Tyrannis*, dit Cicéron, *sed* „ *potius summa distractio est*". (De Offic. Lib. III. Cap. 6.) Contre lesquels chacun avait droit de prendre les armes, en vertu de la loi naturelle, la plus sainte & la plus juste de toutes les loix?

Aussi voyons-nous que le Sénat usa de ce droit, lorsqu'il déclara Néron ennemi du peuple Romain, & qu'il le fit chercher, pour le punir, selon la coutume, c'est-à-dire en lui passant la tête dans une fourche, & le fouettant ensuite jusqu'à la mort. Il en serait venu plus souvent à de telles extrêmités contre ses Empereurs, qui lui en donnaient si souvent occasion & d'une maniere si inouïe, mais ils prenaient soin de se bien munir contre la sévérité de la discipline publique, & ils cherchaient l'impunité de leurs crimes, non dans la loi de l'Empire, mais dans la loi du plus fort.

Le Sénat fit effacer partout le nom de Domitien dans les monumens publics, voulant abolir jusqu'au souvenir de ce méchant Prince; & le peuple demanda d'un commun accord avec le Sénat, que le corps de Commode fût traîné avec un croc, & jetté dans le Tibre: preuve évidente, que ce n'était que malgré lui qu'il obéissait à de tels Princes; & dès qu'il avait occasion de tirer vengeance de leurs déportemens, il faisait voir hautement qu'il en avait & le droit & la volonté. En effet, on n'avait pas toujours assez de force pour mettre à la raison les Empereurs, qui s'étaient acquis une puissance énorme; ainsi il était de la prudence, de supporter des désordres auxquels on ne pouvait s'opposer avec succès. C'est ainsi que l'on souffre la pluie, le froid, & autres semblables incommodites naturelles, lorsqu'on ne peut faire autrement.

Mais comme le droit naturel ne nous défend pas de nous mettre à couvert de ces sortes d'incommodités, lorsque nous en trouvons le moyen, de même la raison ne condamne nullement la conduite d'un peuple qui se sert des forces qu'il a en main pour secouer le joug d'un Tyran.

„ Doctrine profane, dira-t-on, qui détruit le respect que l'on doit au Souverain, & par conséquent le lien de la société humaine. N'est-ce pas une chose constante, qu'il y aura des vices tant qu'il y aura des hommes, surtout dans les cours & parmi les grands? Et les hommes étant, comme ils sont, fort enclins à mal juger des Magistrats & des Princes, quand ceux-ci seraient les plus innocens du monde, peuvent-ils se mettre entiérement à couvert des murmures & de la calomnie? D'ailleurs on juge ordinairement des choses par le succès, & cependant combien de fois ne voit-on pas échouer les projets les plus raisonnables & les mieux concertés? Ajoutez à cela, qu'il y a des vertus sujettes à être confondues avec le vice: l'épargne, par exemple, semble tenir de l'avarice, la libéralité, de la prodigalité; la sévérité, de la cruauté; la modération, de la lâcheté: de ſorte que ce que les uns regardent comme un acte de vertu, peut paſſer pour crime dans l'eſprit des autres.

Si donc la ſûreté de la puiſſance ſouveraine dépend de la légereté du peuple, on ne ſaurait rien concevoir de plus malheureux, ni de plus chancelant, que la condition du Souverain. Il n'y a non plus rien de plus pernicieux à l'Etat, rien qui doive moins être toléré, qu'une maxime qui ſoumet ſans raiſon le Magiſtrat ſouverain à la volonté du peuple. Suivez-la bien, & au lieu d'une fidele obéiſſance, vous aurez des ſéditions & des troubles; au lieu de paix, des guerres continuelles: en un mot, vous mettrez tout en déſordre & en confuſion".

Voilà ſûrement une objection ſpécieuſe & pleine d'aigreur; mais qu'on la peſe à la balance exacte du bon ſens, & on avouera que c'eſt un argument vain, frivole & de nulle force: car que veut-on conclure de-là? Prétend-on qu'il n'eſt jamais permis au peuple de ranger le Prince à ſon devoir, quelque méchant qu'il puiſſe être? Cela eſt contraire, & au droit naturel, & à l'uſage des nations les plus célebres, tant anciennes que modernes.

Veut-on dire, que le peuple ne doit rien entreprendre témérairement, & au préjudice du bien public? Cela ne fait rien à la choſe; car il s'agit de l'uſage légitime, & non pas de l'abus du droit qu'on attribue au peuple. Or, on ne doit pas regarder comme abſolument mauvais ce dont on peut faire un bon uſage; autrement l'établiſſement des Magiſtrats & des Princes, ſans lesquels il n'y a pas moyen de vivre en repos, devrait paſſer pour une choſe nuiſible au genre humain. En effet, qui ne ſait que les Magiſtrats, depuis le plus petit jusqu'au plus grand, ont ſouvent exercé leur autorité d'une maniere funeſte & à leurs concitoyens & à eux-mêmes? Dira-t-on pour cela qu'il ne faut avoir ni Princes ni Magiſtrats, & traitera-t-on de pernicieuſe une doctrine qui enſeigne qu'ils ſont néceſſaires dans la ſociété, ſous prétexte que ceux qu'on choiſit, peuvent être méchans?

Puis donc qu'à cet égard on ſe contente de condamner l'abus, pourquoi prétendrait-on que parce que le peuple peut faire un mauvais uſage de ſa liberté naturelle, même contre ſon propre intérêt, il ne lui ſoit jamais permis ni avantageux de ſe ſoulever contre les plus méchans Princes? Mais qu'y a-t-il à craindre pour un Prince, ſi, comme il s'y eſt engagé, il veille avec ſoin au repos public? Si, par ſa juſtice & par ſon courage, il défend les biens, la vie & la liberté de chacun? Si, par ſa prudence, il va au devant de tout ce qui eſt capable de nuire à ſes ſujets, quels qu'ils ſoient? Si, par ſa bonté, il les conſole & les ſoulage dans leurs malheurs? En un mot, s'il agit envers eux, non en tyran, mais en citoyen, non en maître, mais en pere? C'eſt l'éloge que Pline le jeune donne à Trajan: „ *Non enim de Tyranno*, „ *ſed de Cive; non de Domino, ſed de Parente lo-*

„ *quimur. Unum ille ſe ex nobis, & hoc magis*
„ *excellit atque eminet, quod unum ex nobis pu-*
„ *tat; nec minus hominem ſe, quam hominibus*
„ *præeſſe meminit. Intelligamus ergò bona noſtra*
„ *dignosque nos illius uſu probemus*", *&c.* (Panegyr. Cap. 2.) S'il ſe ſouvient toujours, & qu'il eſt homme & qu'il commande à des hommes; ſi la vue de leur mérite & de leurs dignités n'excite pas en lui des mouvemens d'une noire envie; s'il voit avec plaiſir les richeſſes & les fruits de l'induſtrie de ſes ſujets; s'il regarde comme autant d'ornemens de l'Etat, & non pas comme des perſonnes ſuſpectes & dangereuſes, ceux qui s'attachent à cultiver leur eſprit par de belles connoiſſances & par l'étude de la ſageſſe: le moyen que les ſujets, faiſant réflexion ſur le bonheur de leur ſiecle & ſur leur propre bonheur, ne ſoient tranſportés d'amour & pleins de reſpect pour un ſi bon Prince, ne le regardent comme un préſent du ciel, & ne tâchent à l'envi les uns des autres de ſe rendre dignes de lui par toute leur conduite? Que ſi un Prince, abandonnant le chemin de la vertu & celui de la véritable gloire, eſt encore le meilleur des méchans, & ſe contente d'exercer ſa fureur ſur un petit nombre de ſes ſujets; quoiqu'il mérite alors d'être mis à la raiſon, le peuple ſe remue difficilement pour cela ſeul, ſoit par un effet de la faibleſſe humaine, qui ne permet pas que le remede ſoit auſſi prompt que le mal, ſoit parce que les petits ſont fort portés à excuſer celui qui eſt en état de leur faire & du bien & du mal, ſoit enfin,

parce que, quelques grandes que ſoient les injuſtices faites à un ou à quelques peu de particuliers, comme elles n'intéreſſent pas beaucoup de gens, le corps de l'Etat néglige ordinairement d'en tirer raiſon : & pour ceux qui ſont opprimés, quoiqu'au défaut de la protection des loix civiles, la loi naturelle les mette en état de guerre par rapport au Prince, il leur eſt en ce cas-là plus avantageux de demeurer en repos, que de s'attirer, par une réſiſtance impuiſſante, un mal encore plus fâcheux. Lors même que le Prince donne quelqu'atteinte aux droits & aux libertés de tout le peuple, ou de la plus grande partie, combien de choſes & de choſes criantes le peuple ne lui pardonne-t-il pas, pour éviter les horreurs de la guerre & pour ne pas ſe priver des douceurs de la paix?

Mais s'il en vient aux derniers excès de cruauté ou d'inſolence, en ſorte que ſa tyrannie ne ſoit plus ſupportable, peut-on blâmer les ſujets, dont il a pouſſé la patience à bout, de ce qu'ils ne ſont pas aſſez lâches & aſſez ennemis d'eux-mêmes, pour attendre que Dieu descende du ciel & lance viſiblement ſes foudres ſur cet ennemi déclaré du genre-humain? Ne doit-on pas, au contraire, les louer, de ce qu'ils penſent enfin à leur propre conſervation, & regarder comme une punition de Dieu même la chûte d'un Tyran, contre qui ils ſe ſoulevent en vertu de ce que permet la loi naturelle, & par conſéquent avec l'approbation divine? Mais, dira-t-on, un gouvernement, quel qu'il ſoit, vaut encore mieux que l'anarchie; &

la paix est toujours préférable à la guerre. Belle raison! comme si l'on pouvait dire qu'il y a un gouvernement dans un pays où les loix ne sont qu'un vain nom, où l'on ne rend point de justice, où tout se fait par la violence & par des cabales, rien avec équité ou avec raison. Il faut, dit-on, entretenir la paix. Mais lorsqu'on se dispose à nous tuer, ou à nous piller, doit-on le souffrir, sans remuer seulement le bout du doigt? Si c'est-là un état de paix, qu'appelle-t-on guerre? Voulez-vous qu'on n'en vienne pas à la guerre contre vous? Ne commettez contre nous aucun acte d'hostilité. Voulez-vous qu'on garde la paix avec vous? Vivez en paix avec nous.

Ce n'est pas la naissance ou le climat qui distinguent le citoyen d'avec l'ennemi, mais la volonté & les actions: „ *An tu civem ab hoste naturâ* „ *ac loco, non animo factisque distinguis*"? (Cicer. Paradox. 4.) Lorsque l'on nous tourmente, que l'on nous déchire, que l'on nous fait mourir misérablement & injustement, il n'importe que celui de qui je reçois ces traitemens indignes, soit un ennemi déclaré ou un brigand, ou bien un homme qui se dit notre concitoyen ou notre Souverain: l'injustice est toujours la même; il n'y a de différent que le nom de l'offenseur, & cette circonstance sert seulement à augmenter l'atrocité du crime, en tant que celui qui devait nous défendre contre les ennemis & les brigands, agit envers nous comme un ennemi furieux, ou comme un brigand cruel.

Lors donc que les peuples se soulevent contre un tel Prince, c'est envain qu'on leur représenterait vivement & qu'on ferait sonner haut les avantages de la paix, & les malheurs de la guerre: comme si l'on pouvait s'estimer heureux dans un tems, où les gens de bien sont proscrits & sacrifiés, afin que le Tyran soit en état de satisfaire paisiblement ses passions, avec un certain nombre d'impudiques & de scélérats ? ou comme si le peuple en repoussant les violences & les injustices faites à lui & aux siens, était responsable des maux d'une guerre civile ? Assurement ils ne doivent nullement être attribués au peuple malheureux, mais au Tyran qui, par ses oppressions, l'a contraint d'en venir à cette extrêmité fâcheuse.

L'Empereur Marc-Antoine, qui s'est acquis une gloire immortelle par son intégrité, sa probité, ses lumieres; après avoir fait une énumération, de tous les Empereurs qui avaient été tués, remarqua très-véritablement qu'ils s'étoient attiré leur malheur par leurs cruautés ou par leur mauvaise conduite; qu'il n'y avait guere de bon Prince qui eût été défait ou tué par ses sujets; que Néron, Caligula, Othon & Vitellius avaient mérité un tel traitement, & que ces Princes, semblables à des bêtes féroces, plutôt qu'à des Empereurs, n'avaient pas eu le courage de regner.
„ *Enumeravit. . . . Antoninus, omnes Principes qui occisi essent, habuisse causas quibus mererentur occidi, neque quemquam facile bonum vel victum a Tyranno vel occisum, di-*

„ *cens: meruisse Neronem, debuisse Caligulam,*
„ *Othonem & Vitellium, nec imperare voluisse*".
(Vita Avidii Caſſii. Cap. 8.)

Les debauches, les crimes, les forfaits des Princes cauſent ſouvent la ruine des peuples, & ſouvent auſſi font le malheur des Princes eux-mêmes. Un exemple frappant ſe trouve en la perſonne de Néron.... „ Conſidere Néron, dit „ Tacite, enflé d'une longue ſuite d'ayeux: ce „ n'eſt pas *Vindex* qui l'a dépoſſédé, avec une „ Province déſarmée; ni moi, avec une Lé- „ gion: c'eſt ſa cruauté & ſes débauches, qui „ l'ont fait le premier exemple d'un Prince con- „ damné par ſes ſujets".... „ *Sit ante ocu-* „ *los Nero, quem longâ Cæſarum ſerie tumen-* „ *tem, non* Vindex *cum inermi Provincia, aut* „ *ego cum una Legione; ſed ſua immanitas,* „ *ſua luxuria cervicibus publicis depulere: ne-* „ *que erat adhuc damnati Principis exemplum*".

Eſt-il aſſez prouvé par cet écrit que le Peuple n'eſt point fait pour le Prince, mais bien le Prince pour le Peuple? Voit-on clairement que le Prince, le Roi, le Magiſtrat Souverain, quelque titre qu'on lui donne, n'eſt point envoyé du ciel, mais établi par le commun conſentement des citoyens? Que, s'il veut ſe conduire d'une maniere digne d'un Prince ou d'un Magiſtrat, il faut qu'il ſe reconnoiſſe ſoumis aux Loix, & non pas au deſſus de toute Loi? Qu'il doit meſurer ſon pouvoir, non à ſon caprice, mais à ce que demande le bien public? Que s'il en uſe autrement, il agit non en Prince, ou en Magiſtrat, mais en Tyran; & qu'il peut alors être déposé, puni, réprimé par ſes Sujets, ſelon les regles de tout droit divin & humain?

Des Docteurs graves, des Théologiens profonds ont traité à fond la matiere, ſavoir, ſi un Prince injuſte, ſi un Tyran pouvoit être blâmé, repris ou déposé par ſes Sujets. Nous renvoyons à leur autorité le Lecteur curieux de s'inſtruire plus amplement.

JUSTE IDÉE
DU
GOUVERNEMENT
D'UN
BON PRINCE.

Un Prince véritablement digne de commander est un des plus précieux présens que le ciel puisse faire à la terre. Les infideles même l'ont avoué, & les ténebres de leur fausse religion n'ont pû leur cacher ces deux vérités: que Dieu seul donnait les bons Rois, & qu'un tel don en renfermait beaucoup d'autres, parce que rien n'était plus excellent que ce qui ressemblait plus parfaitement à Dieu, & que l'image la plus noble de la Divinité, était un Prince juste, modéré, chaste, saint & qui ne regnait que pour faire regner la vertu.

Les Princes sont rarement instruits de leurs devoirs, & les premieres teintures d'une bonne éducation sont bientôt effacées. Ils se livrent au plaisir de regner, sans s'informer des justes bornes de leur autorité. L'orgueil, qui est le venin secret de la souveraine puissance, les porte à ne plus demander conseil, ou à ne le plus suivre. Ils reçoivent sans précaution les erreurs de ceux qui les flattent. Ils deviennent indifférens pour la vérité, ou même ses ennemis. Ils s'accoutument à confondre la raison & la justice avec leurs volontés. Ils s'amollissent par les délices, & ils abandonnent à d'autres le poids de l'Etat & des affaires. Ils se bornent aux seules choses qui ne demandent ni application, ni travail. Ils sont absorbés par la volupté. Ils ne veulent être instruits que de ce qui ne trouble point leur repos ou leurs plaisirs. Ils croient que tout est bien gouverné, parce que tout ce qui les environne, n'offre à leurs yeux qu'une image d'abondance & de félicité. Ils pensent que tout leur est dû, & que leur magnificence & leur gloire sont la fin de tout. Ils se nourrissent des bassesses excessives de ceux qui sont comme en adoration devant eux. Ils substituent l'éclat & la pompe de la Royauté à ce qu'elle a de véritable & de solide grandeur. Ils succombent ainsi sous la majesté de l'auguste place qu'ils occupent, dont ils n'ont que l'appareil & la représentation, sans en avoir le fond & la vérité. Ils vivent & meurent sans connaître ni l'origine de leur pouvoir, ni son usage légitime, ni le compte qu'ils en doivent rendre. Ils sont toute leur vie étrangers à leur propre Etat & à leurs peuples, dont ils ont ignoré les besoins, négligé le bonheur, méprisé les gémissemens; & pour ne s'être occupés que d'eux-mêmes & de leurs voluptés, ils ont toujours oublié ce qu'ils devaient être.

C'eſt la même choſe, d'être à la République, & d'être Roi; d'être pour le peuple, & d'être Souverain. On eſt né pour les autres dès qu'on eſt né pour leur commander, parce qu'on ne leur doit commander que pour leur être utile. C'eſt le fondement & comme la baſe de l'éclat des Princes, de n'être pas à eux: c'eſt le caractere même de leur grandeur, d'être conſacrés au bien public; il en eſt d'eux comme de la lumiere, qui n'eſt placée dans un lieu éminent, que pour ſe répandre partout. Ce ſerait leur faire injure que de les renfermer dans les bornes étroites d'un intérêt perſonnel. Ils rentreraient dans l'obſcurité d'une condition privée, s'ils avaient des vues moins étendues que tous leurs Etats. Ils ſont à tous, parce que tout leur eſt confié. Ils ne ſont plus à eux-mêmes, parce qu'il n'eſt pas poſſible de les ſéparer du corps dont ils ſont l'ame & l'eſprit. Ils ſont unis à la République ſi étroitement, qu'on ne peut plus diſcerner ce qui eſt à eux, de ce qui eſt à elle; & l'on trouverait plutôt une différence d'intérêt entre la tête & le corps, qu'entre le Prince & l'Etat. C'eſt ce que repréſentait à un Prince chargé de tout le poids de l'Empire, le maître qui avait eu ſoin de l'inſtruire, & qui conſervait encore quelque autorité ſur ſon eſprit: „ ce n'eſt pas „ pour vous, (lui diſait-il) qu'eſt la République; „ c'eſt vous, au contraire, qui êtes pour elle"; & il ajoutait dans un autre endroit, que dès l'inſtant que l'Empereur s'était conſacré à la conduite de l'univers, il avait dû s'oublier pour toujours.

Il eſt juſte, dira-t-on, d'honorer l'autorité & d'y être ſoumis; mais eſt-il juſte que le Prince exige l'eſtime par le titre ſeul de l'autorité? Ce ſerait confondre des choſes très-différentes. Quand le Prince aura des vertus eſtimables, je l'eſtimerai; mais quand il ſe contentera d'avoir de l'autorité, je reſpecterai, ſi vous voulez, le pouvoir qu'il a en mains, & je lui refuſerai mon eſtime.

Dieu, pour punir les Rois qui aiment à être flattés, permet qu'un eſprit de menſonge réuſſiſſe à les tromper, & qu'il prévale ſur toutes les remontrances des hommes éclairés & fideles, pour venger ſa vérité mépriſée dans d'autres occaſions. *Tu le tromperas*, dit le Seigneur à l'eſprit de menſonge qui s'offrait de tromper le Roi d'Iſraël par la bouche des faux prophêtes qui le flattaient, *& tu prévaudras: va & fais comme tu dis.* C'eſt à ce châtiment ſecret, mais terrible, qu'il faut attribuer l'obſtination de certains Princes, à n'écouter rien de ſalutaire, & à ſe livrer ſans retenue à des hommes artificieux & violens, qui abuſent de leur facilité, quoique les preuves qu'on leur donne de leurs mauvais conſeils ſoient ſenſibles & convaincantes. Ils ont aimé la flatterie; il eſt juſte que la ſouveraine vérité les puniſſe, en les abandonnant à une flatterie qui les conduit à leur perte, ſelon cette formidable parole: „ Le Seigneur a mis l'eſprit „ de menſonge dans la bouche de tous vos pro- „ phêtes, & il a réſolu votre perte".

Le flatteur donne des louanges à tout ce que le Prince aime, à tout ce qu'il dit, à tout ce qu'il fait, à tout ce qu'il a, ſans diſcernement & ſans choix.

Il fait difcerner fes inclinations... le gagner par une humeur plus douce, connaître & adroitement ménager tous les fecrets rapports qu'il peut mettre entre l'imagination du Prince, & certaines manieres dont le concours fait ce qu'on appelle fympathie. Tous les penchans du Prince & tous les préjugés font pour lui; l'inclination eft formée, la confiance va bientôt fuivre; & fi elle fuit, le Prince eft perdu, car celui à qui il eft prêt de la donner, eft un efprit dangereux qui en abufera: c'eft un ennemi travefti qui veut faire fervir l'autorité du Prince à fes paffions, & qui ne penfe qu'à lui infpirer fes propres volontés, en affectant en apparence de fuivre tous fes mouvemens... C'eft alors que le Prince doit connaître que le flatteur eft l'ennemi de fa gloire, de fa vertu, de fon repos, de fon Etat; & il doit le chaffer avec toute l'indignation que mérite la perfidie. Au contraire, il doit faire un extrême cas de celui qui dans les tems d'affoibliffement, où la colere, l'ambition, la volupté commenceraient à fe faire fentir, a ofé lui parler fincérement & fortement, qui a mieux aimé lui déplaire que de le trahir, & qui a préféré fon devoir à toute autre confidération & même à fa fortune.

Il y a peu de Princes, dont on puiffe dire ce que Saint-Ambroife difait du grand Théodofe après fa mort: „ Je l'ai aimé, parce qu'il n'ai„ mait point la flatterie, & qu'il aimait, au con„ traire, à être repris". Grand éloge, qui renferme tout. Il y a peu de Princes comme David, qui regardent comme une grace & une miséricorde que le juste les avertisse & les reprenne, & qui rejettent le parfum que le pêcheur, c'est-à-dire le flatteur, veut répandre sur leurs têtes. Il y en a peu qui soient de l'avis du Sage, & qui aiment mieux les blessures que fait un ami, que les caresses trompeuses d'un ennemi qui les flatte.

Le Prince n'entend presque jamais rien d'utile, rien d'exact, rien de salutaire. Toutes les idées qu'on lui présente, sont fausses : on pervertit devant lui les noms du bien & du mal, des passions & de la vertu. On fortifie un discours séducteur par des exemples encore plus séduisans. L'on ferme toutes les avenues à la vérité : ceux qui environnent le trône, ont dessein de tromper, ou sont trompés eux-mêmes les premiers. Les uns font servir la séduction à leur intérêt ; les autres suivent, sans dessein, leurs propres ténebres. Le Prince vit au milieu de ces hommes, & il est souvent assez malheureux pour réunir toutes leurs erreurs.

Quand un Prince a des intentions droites, & qu'il demande sincerement à Dieu un homme de sa main pour lui servir de conseil, Dieu écoute sa priere, & c'est l'Ecriture qui nous en assure : mais elle suppose que la bonne vie soutiendra la priere, & qu'on aura une grande idée de la grace qu'on demande. C'est pour cela qu'elle commence par l'éloge d'un ami fidele, & qu'elle ajoute ensuite, que le moyen de l'obtenir est de craindre Dieu qui peut seul accorder un homme d'un tel mérite : „ Un ami fidele, dit le Saint „ Esprit, est une défense invincible. Qui l'a

„ trouvé, a trouvé un tréſor. Rien ne lui peut „ être comparé. L'or & l'argent ne ſont rien „ au prix de la fidélité. Un ami fidele eſt un „ remede pour nous aſſurer la vie & l'immor- „ talité, & ceux qui craignent Dieu, le trou- „ veront".

La bonté de quelques Princes eſt ſouvent la cauſe de leur crédulité: ils jugent de la ſincérité des autres par la leur; & plus ils ſont généreux, moins ils ſe méfient de la baſſe malignité de ceux qui leur donnent de faux avis. C'eſt ce que diſait le Roi Aſſuérus, pour s'excuſer de ce qu'il avait cru trop légérement les calomnies d'Aman contre les Juifs: „ Les Princes, diſait-il, „ ont de la franchiſe; ils jugent trop facilement „ que les autres leur reſſemblent, & ils ſont trom- „ pés, parce qu'ils ſont eux-mêmes incapables „ de vouloir tromper". Mais une telle excuſe ne décharge point un Prince, qui ne doit pas ſacrifier une nation entiere à l'accuſation d'un ſeul homme; qui eſt obligé d'examiner, puiſqu'il eſt juge; qui doit avoir plus de peine à croire le mal de pluſieurs, que d'un ſeul; & qui étant le protecteur de tous ceux qui lui ſont ſoumis, ne peut, ſans une extrême injuſtice, opprimer les uns, parce qu'il croit les autres ſinceres.

Un délateur eſt un accuſateur ſecret, qui deſire fermer à l'innocence tout accès auprès du Prince, & de lui ôter tout moyen de ſe juſtifier; qui ſouhaite que l'accuſé ignore toujours le crime qu'on lui impute; qui conſeille les voies les plus courtes & les plus abrégées pour le punir; qui élude autant qu'il peut les tribunaux ordinaires, où tout se passe dans les regles ; qui transporte à un seul homme, qu'il a pris soin de représenter au Prince comme le seul en qui il puisse prendre confiance, la discussion & l'exécution de tout ce qui regarde ceux qu'il veut lui rendre suspects ; & qui s'applique uniquement à empêcher que par des voyes publiques, ou secrettes, le Prince ne vienne à connaître qui est le coupable, ou des accusés, ou de l'accusateur.... Ce n'est jamais pour lui, ni pour ses intérêts qu'il parle, c'est toujours le Prince qui est son objet.... Voyez ce que dit Aman à Assuerus : ,, Les Juifs sont tous portés à la révolte & ,, répandus dans toutes vos provinces. Ils sont ,, attachés à d'autres Loix & à une autre Reli- ,, gion que celle de l'État. Il est de la bonne ,, politique de les prévenir avant qu'ils se forti- ,, fient". Sa haine contre Mardochée, & à cause de lui contre toute la Nation, ne paraît point. L'intérêt seul du Prince & le bien public sont mis en évidence, & néanmoins c'était au ressentiment de cet ambitieux que le Prince & le bien public étaient sacrifiés.

Quelle différence entre un Prince qui veut que tous les autres soient heureux, aussi bien que lui, qu'ils le soient par lui, qu'ils le soient plus que lui ; & un Prince qui veut être heureux tout seul, & qui veut l'être aux dépens des autres ! Combien ce dernier a-t-il d'ennemis secrets ? Combien manque-t-il de choses à son bonheur ? Combien affaiblit-il sa puissance, en ne regnant, ni sur l'esprit, ni sur le cœur de ses sujets ? De quoi se contente-t-il, en se contentant du dehors? A quoi borne-t-il sa grandeur, s'il consent à n'être point aimé? Et que lui aurait-il coûté pour mériter de l'être, que de savoir faire usage de sa grandeur? Il ne fallait pour cela qu'y joindre la bonté, c'est-à-dire le plaisir d'être grand pour les autres, & d'être heureux en bonne compagnie; il ne fallait qu'avoir une idée plus sage de la Royauté, & ne pas se contenter de celle qui peut convenir aux mauvais Princes, & qui, n'étant qu'extérieure, ne remplit pas la noble ambition d'un Roi, qui veut l'être en tout sens, & plus encore par l'amour & par le mérite que par la puissance.

L'Empereur Alexandre-Sévere ne s'estimait heureux & ne croyait regner qu'autant qu'il était bienfaisant. Il marquait tous les jours par quelque grace nouvelle; & il n'en passait aucun, sans donner quelques témoignages de clémence, de bonté, d'humanité, de compassion, de libéralité, mais sans épuiser l'épargne & sans charger le public.

Il y a des hommes qui pensent qu'on ne peut regner, si l'on ne préfere quelquefois les considérations d'Etat à l'observation exacte des traités solemnellement jurés; qui passent légérement sur tout ce qu'un Prince a promis à ses sujets dans l'auguste cérémonie de son Sacre, ou de son couronnement, quoique le nom de Dieu & les saints mysteres y soient intervenus... Ces hommes savent-ils que c'est Dieu seul qui fait les Rois, & qu'ils n'ont d'autre autorité que celle qu'il leur confie? Croient-ils que ce ſoit un moyen bien ſûr pour la conſerver que de manquer de Religion, & de ſe révolter contre celui qui les a mis ſur le trône?.. Ne vaudrait-il pas mieux, ſans comparaiſon, deſcendre du trône, que de s'y maintenir par l'infraction du ferment? Eſt-ce même un moyen d'attirer aux Rois les reſpects du peuple, que de leur apprendre à ne plus craindre Dieu? Quand cette crainte ſera effacée dans les ſujets, comme dans le Prince, où ſera la fidélité & l'obéiſſance, & ſur quel appui le trône ſera-t-il fondé? On en ſappe le fondement par l'impiété, & c'eſt enſeigner publiquement l'impiété, que d'enſeigner le parjure, de quelques prétextes qu'on le colore.

Il ne faut pas que le Prince attende que les plaintes viennent juſqu'à lui, pour remédier aux maux qui en ſont le ſujet. Il pourrait les ignorer longtems, ou même toujours, s'il ne voulait connaître que ce qui s'offre à lui & qu'il ne peut diſſimuler. Il y a ſi loin du trône à la condition des faibles qui gémiſſent en ſecret; il ſe paſſe tant de choſes dans les provinces, qui y ſont étouffées & qui ſont couvertes par le ſilence; il eſt ſi rare que les perſonnes opprimées ſurmontent tous les obſtacles qui s'oppoſent à la juſtice qu'elles attendent des loix; que ſi le Prince ne va au devant de tout, s'il ne veille, s'il ne cherche, s'il n'emploie tous les moyens poſſibles pour être inſtruit, ſon Etat ſera plein d'injuſtices impunies & de violences couvertes ſous une apparente tranquillité; & l'on y verra, malgré ſes bonnes intentions, ce que déplorait le Sage, les gens de bien répandre d'inutiles larmes, ſans conſolation & ſans appui; & les injuſtes & les méchans qui les oppriment, vivre dans l'abondance & la paix.

Le Prince laiſſera aux Tribunaux toute la liberté & toute l'autorité néceſſaires pour terminer les affaires qui doivent y être jugées. Il n'en évoquera aucune que pour des raiſons importantes, & pour le bien même de la juſtice. Il ne ſuſpendra la concluſion d'aucune, que pour de ſemblables vues. Il s'appliquera à maintenir l'ordre & la regle, à conſerver les anciens uſages, à faire que chaque juriſdiction jouiſſe de ſes droits & de ſes privileges. Il ſera ennemi des nouveautés & des changemens: & il ſera perſuadé que tout ce qui s'examine par pluſieurs, & ſelon les formes ordinaires, eſt moins oxpoſé à l'injuſtice, que ce qui ſe traite devant peu de perſonnes & d'une maniere moins publique & moins ſolemnelle.

Il faut, pour conſerver l'Etat, conſerver les maximes anciennes dont il dépend. Les Princes qui permettent qu'on les néglige, commettent une grande faute contre leurs ſucceſſeurs & contre la République, qui doit être immortelle par la durée de ſes loix; & ils éprouvent quelquefois eux-mêmes, avant la fin de leur regne, combien ils étaient intéreſſés à s'oppoſer que des opinions nouvelles ne priſſent la place des maximes anciennes d'où dépendait leur gloire & leur ſûreté.

Un Prince ſage & prudent conſent que les juges du plus célebre Tribunal de ſon Etat n'enrégiſtrent les loix qu'il leur adreſſe, qu'après un examen respectueux, mais libre & sincere. Il ne prétend leur fermer ni les yeux ni la bouche, & il ne convertit point en simple formalité, un usage qui assure encore plus le Prince, que le peuple, contre les surprises qu'on peut faire à sa Religion. Il sait que des personnes sages s'éclairent mutuellement; qu'il est juste d'écouter des Sénateurs, qui ont vieilli dans la connoissance des loix, & qui en sont les dépositaires; qu'il affermit son autorité, en montrant publiquement qu'il n'en veut user que pour la justice; & qu'il attire un respect particulier à ses ordonnances, en exigeant que les premiers Juges & les plus integres de l'Etat répondent au public de leur équité. S'il voulait que les juges n'eussent d'autre fonction que celle d'entendre une lecture inutile, & d'y consentir, ou de le faire après l'avoir entendue, il les dispenserait de cette servitude, qui ne ferait d'aucun fruit pour le public & qui ne ferait que charger leur conscience. Il aimerait mieux user hautement de son autorité que de chercher des approbateurs condamnés au silence; & il trouverait plus de générosité à ne point demander un témoignage, qu'à étouffer la voix des témoins. „ Un grand Prince est tou„ jours sincere. Ce qu'il paraît vouloir, il le „ veut en effet, il ne défend pas ce qu'il semble „ exiger: & s'il veut que les premiers Magistrats „ de son Royaume autorisent la loi qu'il leur „ adresse, il leur laisse le pouvoir de le faire, & „ il ne les dégrade pas, en faisant mine de les „ consulter".

Autrement, ce qu'il y a de plus auguſte dans l'Etat n'eſt qu'un vain ſpectacle & dégénere en pure cérémonie. Rien n'eſt moins approuvé que ce qui paraît l'être. Tout paſſe à une voix, & perſonne n'a parlé, ou ne l'a pas fait ſincérement; ſouvent un morne ſilence eſt la ſeule maniere dont opinent les juges. Quelquefois l'arrêt d'enrégiſtrement n'eſt pas prononcé par celui-même qui préſide, & l'écrivain le dreſſe comme étant de pur ſtyle. Si quelqu'un oſait dire quelque choſe en mots entrecoupés. où il parût une étincelle de liberté, il ſerait regardé comme ſéditieux, & puni comme tel. Ainſi on ne s'aſſemble point en ces occaſions comme juges, mais comme flatteurs: & la flatterie eſt ſi groſſiere, que perſonne n'y eſt trompé, & que l'enrégiſtrement eſt plutôt une preuve d'improbation que de conſentement.

Quand un Prince a bien examiné par lui-même, & avec un ſage conſeil, la juſtice & la néceſſité d'une ordonnance, il ne craint point que des hommes zélés pour ſa gloire & pleins de reſpect pour ſes volontés, n'acceptent avec diſcernement & avec lumiere la loi qu'il leur adreſſe. Mais moins il a pris de précautions, moins il ſouffre qu'on en prenne pour lui; il ne veut point qu'on délibere, quand il ne l'a pas fait, & il regarde comme une témérité d'oſir approfondir ce qu'il n'a pas voulu connaître. C'eſt d'ordinaire par l'inſpiration d'un miniſtre trop abſolu que le Prince défend toute réflexion ſur ſes Edits. Ils ſont l'ouvrage de ce miniſtre qui ne veut être ni éclairé ni contredit, qui ne peut ſouffrir que ſon autorité ſoit balancée par celle d'aucun tribunal, & qui s'applique à humilier ce qu'il y a de plus grand & de plus ferme dans l'Etat, pour y regner ſous le nom de ſon maître. Ce miniſtre a ſouvent des vues particulieres, oppoſées au bien public : & quand ſes intentions ſeraient toujours pures, il n'a pas une telle ſageſſe ni une telle étendue d'eſprit, qu'il n'ait beſoin d'aucune autre lumiere.

Les Sénateurs du premier ſiege ſeraient capables de ſuppléer à ce qui lui manque, ou de rectifier ce qui ſerait contraire au bien public. Le Prince, dont les intérêts ſont inſéparables de ceux de l'Etat, les charge de veiller contre les ſurpriſes, & leur envoye à ce deſſein tout ce qui doit être revêtu d'une forme authentique : & par une inconſtance dont la jalouſie de ſon miniſtre eſt le principe, il rétracte ce qu'il commande, & il défend d'avoir aucune attention ſur ſes intérêts ni aucun zele pour le bien public. Quand le miniſtre a ſçu impoſer ſilence à tout le monde, & rendre ſon maître l'exécuteur de ſes volontés, il paſſe ſouvent juſqu'à lui épargner la peine d'en être inſtruit. Il fait lui ſeul la diſpoſition d'un Arrêt, d'un Réglement, d'un Edit : il le préſente au Prince pour le ſigner, avec la même confiance qu'il le préſenterait à ſon Secrétaire ; & il compte ſi fort ſur ſa complaiſance & ſur ſa nonchalance, qu'il fait quelquefois paſſer un projet, dont le Prince n'a eu aucune connoiſſance.

Cependant tout fléchit ſous le pouvoir arbitraire d'un ſerviteur, parce qu'il a ſçu perſuader à ſon maître que l'obéiſſance eſt l'unique vertu des premiers juges, & qu'elle doit être aveugle à tel point, qu'elle ne s'informe pas même ſi c'eſt lui qui commande, ou ſi un autre a pris ſa place; & il arrive ainſi, que plus un Prince affecte d'être abſolu, plus il montre au public la dépendance où le tient ſon miniſtre. Il n'y a donc rien qui marque mieux qu'un Prince gouverne par lui-même, que la liberté qu'il laiſſe à des juges ſupérieurs de prendre connoiſſance des loix qu'il leur adreſſe, & d'examiner ſi ſes intérêts, qui ſont ceux de la justice & de l'Etat, n'y ſont point bleſſés: car il eſt évident dès-lors qu'il veut être inſtruit de tout, qu'il eſt en garde contre les ſurpriſes, & qu'il ne veut pas qu'on abuſe de ſon nom & de ſon pouvoir pour établir rien d'injuſte: il ne faut que cela pour l'empêcher, & pour en ôter même la penſée; car lorſque les Remontrances reſpectueuſes ſont permiſes, elles ſont rarement néceſſaires. Les Miniſtres n'y veulent point donner d'occaſion. Ils ſont ſages & circonſpects, & ils ne propoſent rien au Prince qui ne ſoit digne de lui, de ſa bonté & de ſa juſtice, rien qui ne ſoit conforme aux anciennes maximes, rien qui ne tende au bien public.

Le terme de Remontrance ne peut bleſſer un Prince qui aime la vérité. Il la cherche, & il la préfere à tout: il invite tout le monde à la lui dire: il ne craint que le menſonge & la flatterie, & il regarde comme des qualités eſſentielles dans les Magiſtrats, la ſincérité & la fidélité. Il ſait que non-ſeulement elles ne ſont point oppoſées à la ſoumiſſion & au reſpect, mais qu'elles en ſont des preuves, & il se tiendrait offensé, si on le croyait incapable de conseil, ou si l'on craignait de lui déplaire, en lui disant ce qui serait utile à son service. Il ne s'engage pas à le suivre, quoiqu'il l'écoute. Il est toujours le maître, & il le fait bien : mais c'est parce qu'il est toujours le maître qu'il veut tout savoir, & qu'il ne souffre pas qu'un ministre ôte à des juges la liberté qu'il leur donne.

Rien n'est plus opposé aux desseins de Dieu & à la premiere institution de la Puissance Souveraine, que le pouvoir arbitraire, qui la déshonore en la faisant dégénérer en tyrannie..... Il est pour le Prince d'une connoissance infinie de bien connaître les caracteres des deux Puissances..... Le caractere de la souveraine autorité, quand elle est pure, & qu'elle n'a point dégéneré, ni de son origine, ni de sa fin, est de gouverner par les loix, de régler sur elles ses volontés, & de se croire interdit tout ce qu'elles défendent. Ainsi le Prince & les loix commandent la même chose, l'autorité n'est pas partagée. L'exemple du Prince n'affaiblit pas les loix, & les loix ne condamnent pas le Prince. C'est tout l'opposé dans le pouvoir arbitraire. Il donne ses volontés pour loix, & sa conduite pour regle. Il sépare son autorité de celle du droit public. Il méprise celle des loix, & les loix condamnent l'abus qu'il fait de la sienne.

„ Je me souviens d'avoir ouï-dire à mon pere ", (dit Vopiscus dans la vie d'Aurélien) „ que de- „ puis que Dioclétien se fut réduit à une condi- „ tion

„ tion privée, il ne voyait rien de plus difficile „ que de bien gouverner, que de remplir tous les „ devoirs d'un Empereur. Il ne faut, disait-il, „ que quatre ou cinq personnes bien unies entr'el- „ les & bien déterminées à tromper le Prince, „ pour y réussir. Ils ne lui montrent jamais les „ choses que par le seul côté qui peut les lui faire „ approuver. Ils lui cachent tout ce qui contri- „ buerait à l'éclairer, & comme ils l'obsédent seuls, „ il ne peut être instruit que par leur canal, & il „ ne sait que ce qui leur plaît de lui dire. Ainsi „ il accorde les Magistratures à qui il devrait les „ refuser. Il destitue, au contraire, de leurs em- „ plois, ceux qui en sont les plus dignes; & pour „ tout dire en un mot, un Prince, qui d'ailleurs „ avait de bonnes intentions, & qui aurait pû „ devenir excellent, s'il avait eu des ministres „ fideles, est vendu par eux malgré sa vigilan- „ ce, & malgré même ses défiances & ses soup- „ çons.

„ Voilà, continue l'historien, ce que déplorait „ un Empereur, qui n'avait connu de quels pie- „ ges le trône est environné, qu'après en être „ descendu; & l'on peut juger de-là, que rien „ n'est plus rare qu'un Prince vraîment sage, ni „ rien de plus difficile que de bien gouverner".

L'obéissance au Prince ne coûte rien : mais celle qu'exige un sujet est insupportable. On connaît le maître, mais non le serviteur; on veut dépendre de la souveraine autorité, mais non ramper sous un homme, qui devrait obéir comme les autres. On se soumet pourtant, si l'on y est forcé, mais avec une fecrete indignation, & en cherchant tous les moyens d'abattre une puiffance importune.

L'Empereur Valentinien Second, quoique fort jeune, fut expofé à la cenfure du public, & la maniere dont il en profita, devrait fervir de modele à tous les Princes. On difait de lui qu'il aimait les fpectacles du cirque; dès qu'il le fçut, il fe fit une regle de n'y affifter jamais, & n'excepta pas même certains jours où fa préfence y paraiffait néceffaire. On croyait qu'il donnait aux plaifirs de la chaffe une partie du tems qu'il devait aux affaires, il ordonna qu'on tuât toutes les bêtes qu'il faifait nourrir dans fon parc. On le blâmait de fe mettre à table de trop bonne heure; & l'avantage qu'il tira de ce reproche, fût de s'exercer au jeûne, & d'en porter la févérité fi loin, que dans les cérémonies où l'ufage voulait qu'il régalât les grands de fa cour, dont plufieurs étaient infideles, il affiftait au répas, fans y manger, lorsque c'était un jour de jeûne pour les Chrétiens, quoiqu'il n'eût pas alors vingt ans, & il trouvait ainfi le moyen d'allier la civilité avec la Religion & la confcience.

Le principal devoir des Rois, & leur fonction la plus effentielle, eft de rendre la juftice aux Peuples. Auffi c'était à quoi les Roi d'Egypte donnaient autrefois le plus d'attention, perfuadés que de ce foin dépendait, non-feulement le repos des particuliers, mais le bonheur de l'Etat, qui ferait moins un Royaume qu'un brigandage, fi les faibles demeuraient fans protection, & fi les puisſans trouvaient dans leurs richeſſes & dans leur crédit, l'impunité de leurs crimes & de leurs violences.

Les Rois d'Egypte étaient obligés, plus que les autres, à vivre ſelon les loix: ils en avaient de particulieres, qu'un Roi avait digérées, & qui faiſaient une partie de ce que les Egyptiens appellaient les livres ſacrés. Ainſi une coutume ancienne ayant tout réglé, ils ne s'aviſaient pas de vivre autrement que leurs ancêtres. Nul étranger, nul eſclave n'était admis auprès du Prince pour le ſervir; cet important emploi n'était confié qu'aux perſonnes les plus diſtinguées par leur naiſſance, & qu'à celles qui avaient reçu la plus excellente éducation, afin qu'ayant le privilege d'approcher journellement de ſa perſonne, elles ne lui appriſſent jamais rien d'indigne de la Majeſté Royale, & ne lui inſpiraſſent que des ſentimens nobles & généreux: „ car, ſelon la remarque de Diodore, il „ eſt rare que les Rois ſe portent à des excès vi- „ cieux, s'ils ne trouvent dans ceux qui les ap- „ prochent des approbateurs de leurs déréglemens, & des miniſtres de leurs paſſions".

Ce qu'il y avait de meilleur parmi les loix des Egyptiens, c'eſt que tout le monde était nourri dans l'eſprit de les obſerver. Une coutume nouvelle était un prodige en Egypte; tout s'y faiſait toujours de même; & l'exactitude qu'on y avait à garder toujours les petites choſes, maintenait les grandes. Auſſi n'y eut-il jamais de peuple qui ait conſervé ſi longtems ſes uſages & ſes loix.

Gélon, Roi de Syracuſe, ſe piquait ſurtout d'une ſincérité, d'une vérité, d'une bonne foi à garder ſa parole, qui était à l'épreuve de tout : qualité eſſentielle dans un Prince, ſeule capable de lui attirer la confiance de ſes ſujets & des étrangers, & qui doit être regardée comme la baſe de toute bonne politique & de tout bon gouvernement.

Plutarque rapporte d'Hiéron, autre Roi de Syraçuſe, une parole qui marque une diſpoſition excellente dans un Prince. Il diſait que ſa maiſon & ſes oreilles ſeraient toujours ouvertes à quiconque voudrait lui dire la vérité, & qui la lui dirait avec franchiſe & ſans ménagement.

Ce qu'il y avait en Cyrus de plus grand & de plus véritablement royal, c'eſt l'intime conviction où il était que tous ſes ſoins & toute ſon attention devaient tendre à rendre les peuples heureux ; & que ce n'était point par l'éclat des richeſſes, par le faſte des équipages, par le luxe & les dépenſes de la table, qu'un Roi devait ſe diſtinguer de ſes ſujets, mais par la ſupériorité de mérite en tout genre, & ſurtout par une application infatigable à veiller ſur leur intérêt & à leur procurer le repos & l'abondance. Il diſait lui-même, en s'entretenant avec les grands de ſa cour ſur les devoirs de la Royauté, qu'il faut qu'un Prince ſe regarde comme un berger, qu'il doit en avoir la vigilance, l'attention, la bonté, veiller afin que les peuples ſoient en ſûreté ; ſe charger des ſoins & des inquiétudes, afin qu'ils en ſoient exempts ; choiſir tout ce qui leur eſt ſalutaire ;

écarter tout ce qui leur peut nuire ; mettre sa joie à les voir croître & multiplier, & s'exposer avec courage pour les défendre. Voilà, disait-il, la juste idée & l'image naturelle d'un bon Roi. Il est raisonnable que ses sujets lui rendent tous les services dont il a besoin ; mais il est encore plus raisonnable qu'il s'applique à les rendre heureux, parce que c'est pour cela qu'il est Roi, comme un berger ne l'est que pour prendre soin de son troupeau.

Un des établissemens de Minos que Platon admirait le plus, était qu'on inspirât de bonne heure aux jeunes gens un grand respect pour les maximes de l'Etat, pour les coutumes, pour les loix, & qu'on ne leur permît jamais de mettre en question, ni de révoquer en doute si elles étaient sagement établies ou non ; parce qu'ils devaient les regarder, non comme prescrites & imposées par les hommes, mais comme émanées de la Divinité même.

Nicoclès ayant succédé à Evagore son pere, dans le Royaume de Salamine, se fit un devoir de l'imiter & de marcher sur ses traces. Quand il prit possession du trône, il trouva le trésor public absolument épuisé par les grandes dépenses que son pere avait été obligé de faire dans la longue guerre qu'il eut à soutenir contre le Roi de Perse. Il savait que la plupart des Princes, dans de pareilles conjonctures, se croient tout permis, & que tout le moyen leur paraît légitime pour rétablir leurs affaires. Pour lui, il se conduisit selon d'autres principes ; on n'entendit point parler sous son regne d'exils, de taxes, de confiscations de biens : la félicité publique fut son unique objet, & la justice, sa vertu favorite. Il acquitta peu à peu les dettes de l'Etat, sans fouler les peuples par des impôts excessifs, mais en retranchant toutes les dépenses inutiles, & usant d'une sage économie dans l'administration de ses revenus. „ Je „ suis sûr, disait-il, qu'il ne se trouvera aucun „ citoyen qui se plaigne que je lui ai fait le moin- „ dre tort; & j'ai la consolation d'en avoir en- „ richi plusieurs, & de les avoir comblé de bien- „ faits". Il se piquait encore principalement d'une autre vertu, d'autant plus admirable dans les Princes qu'elle y est plus rare ; je veux dire la tempérance. Il est beau, mais bien difficile dans un âge & dans une fortune où tout paraît permis, & où la volupté armée de tous ses attraits & de tous ses artifices, dresse sans cesse des embuches à un jeune Prince & va au devant de ses desirs; il est beau, dis-je, de résister longtems à de si violentes & de si douces attaques. Nicoclès faisait gloire de n'avoir jamais connu d'autre femme que la sienne pendant tout le tems de son regne; & il s'étonnait que tous les autres contrats étant respectés dans la société civile, celui du mariage, le plus sacré & le plus inviolable de tous, soit impunément violé; & qu'on ne rougit point de commettre à l'égard de son épouse une infidélité, dont on serait au desespoir qu'elle se rendît elle-même coupable.

Un Roi aime ses sujets, & il en est aimé: il jouit au dedans de lui-même d'une tranquillité parfaite, & il vit au milieu de ſon peuple comme un pere au milieu de ſes enfans. Quoiqu'il ſache qu'il a le glaive en mains pour punir, il craint d'en faire uſage; il ne ſe réſoud à faire épreuve de ſon pouvoir qu'avec une extrême douleur, dans la derniere néceſſité, & ſelon toutes les formes preſcrites par les loix. Mais le tyran ne punit que par caprice & par paſſion, & il ne croit être véritablement maître & ne gouverner en Souverain, qu'autant qu'il ſe met au deſſus des loix, qu'il n'en reconnaît d'autre que ſa volonté & qu'il ſait ſe faire obéir promptement. Or, quiconque peut tout ce qu'il veut, court grand risque de vouloir ce qu'il ne doit pas.

Philippe, Roi de Macédoine, avait coutume de dire ce beau mot: „ qu'il eſt au pouvoir des „ Rois de ſe faire aimer ou haïr". Il faiſait paraître beaucoup de modération, lors même qu'on lui parlait d'une maniere choquante & injurieuſe, & ce qui n'eſt pas moins admirable, lorsqu'on lui diſait ſes vérités: grande qualité pour bien régner! Une pauvre femme ſe préſentait ſouvent devant lui pour lui demander audience, & pour le prier de vouloir bien terminer ſon procès. Il lui répondait toujours qu'il n'avait pas le tems. Rebutée de ces refus réitérés tant de fois, elle répliqua un jour avec émotion: „ mais „ ſi vous n'avez pas le tems de me rendre jus„ tice, ceſſez donc d'être Roi". Il ſentit toute la force de cette plainte, qu'une juſte indignation avait arrachée à cette pauvre femme; & loin de s'en choquer, il la ſatisfit ſur le champ, & devint par la ſuite plus exact à donner ſes audiences. Il reconnut qu'en effet, être Roi & être juge, c'était la même choſe: que le Trône était un tribunal: que la ſouveraine autorité était un pouvoir ſuprême, & en même tems une obligation indiſpenſable de rendre juſtice: que de la rendre à ſes ſujets, & de leur accorder pour cela tout le tems néceſſaire, n'était point une grace, mais un devoir & une dette: qu'il devait ſe faire aider dans ce miniſtere, mais non s'en décharger abſolument: & qu'il ne pouvait pas plus renoncer à ſa qualité de juge, qu'à celle de Roi. Tout cela eſt renfermé dans ce mot plein de naïveté, & encore plus de bon ſens: „ ceſſez donc d'être Roi"; & Philippe le comprit.

C'eſt une connaiſſance bien importante à un Prince que celle du cœur de l'homme, & le ſecret de s'en rendre maître. Ce ſecret conſiſte à intéreſſer tout le monde à ſa grandeur, & à ne faire ſentir aux autres ſa puiſſance que par des bienfaits; alors tous les intérêts ſont réunis dans celui du Prince. C'eſt ſon bien propre, c'eſt ſon bonheur qu'on aime en lui, & on lui eſt autant de fois attaché, & par des liens auſſi étroits, qu'il y a de choſes qu'on aime & qu'on reçoit de lui.

Le grand danger des Princes eſt de ſe laiſſer prévenir & ſurprendre par leurs favoris: danger ſi commun que St. Bernard écrivant au Pape Eugene, lui déclare que s'il eſt exempt de ce défaut, il peut ſe vanter d'être le ſeul parmi les hommes.... Le calomniateur eſt pour l'ordinaire écouté favorablement par les grands, parce qu'il ſe couvre des apparences d'affection & de zele, qui flattent leur orgueil. La calomnie fait toujours quelque impression sur les esprits les plus équitables, & y laisse des traces sombres & tristes, qui disposent aux soupçons, aux ombrages, aux défiances. Le calomniateur artificieux est persévérant & hardi, parce qu'il est sûr de l'impunité, & qu'il sait qu'il risque peu, en nuisant beaucoup. Du côté des grands, ils approfondissent rarement les calomnies secrettes, par paresse, par distraction, par la honte de la bassesse qu'il y a à paraître soupçonneux, timides & défians; enfin par la peine d'avouer qu'ils se sont laissés tromper, & qu'ils se sont livrés à une crédulité précipitée. „ C'est ainsi que la vertu „ la plus pure & la fidélité la plus irréprochable „ sont souvent accablées".

On voit par mille exemples, combien il est important aux Princes de s'attacher les peuples par l'affection, en les traitant avec bonté & douceur & en les aimant véritablement, moyen unique d'en être eux-mêmes aimés: ce qui fait leur plus solide gloire, leur plus essentielle obligation, & en même tems leur plus grande sûreté.

La douceur du gouvernement de Séleucus, sa justice, son équité & son humanité pour tous ses sujets, contribuerent surtout à affermir sa puissance. Il sentit quel avantage c'est pour un Prince que de les bien traiter, & de s'en faire aimer. Il entra dans Babylone avec une poignée d'hommes: l'amour des peuples lui tint lieu d'armée & en amassa bientôt une autour de lui, non-seulement très nombreuſe, mais invincible par l'affection qu'elle lui portait.

Il n'y a point de ſi bonne & de ſi ſûre garde pour un commandant & pour un Prince, que la ferme & vraie affection de ceux qui lui ſont ſoumis; car, lorſqu'une fois le peuple & les nobles ſont accoutumés à ne pas craindre le Prince, mais à craindre, pour lui, alors il a un million d'yeux pour voir, & un million d'oreilles pour entendre ce qui ſe paſſe.

Antiochus, Roi de Syrie, s'étant égaré à la chaſſe & ſe trouvant ſeul, ſe retira dans la cabane de pauvres gens, qui le reçurent de leur mieux, ſans le connaître. Pendant le ſouper, lui-même ayant fait tomber la converſation ſur la perſonne & ſur la conduite du Roi, ils dirent: „ que c'était „ d'ailleurs un bon Prince & qui avait de bonnes „ intentions, mais que ſa trop grande paſſion „ pour la chaſſe lui faiſait négliger les affaires de „ ſon Royaume, dont il ſe repoſait ſur des amis, „ ou des miniſtres infideles qui le trompaient". Antiochus ne répondit rien ſur le champ. Le lendemain ſa ſuite étant arrivée à la cabane, il fût reconnu pour ce qu'il était. Il raconta à ſes officiers ce qui s'était paſſé la veille, & leur dit comme par reproche: „ depuis que je vous ai „ attaché à mon ſervice, je n'ai entendu la „ vérité ſur ce qui me regarde, que du jour „ d'hier".

Hiéron, Roi de Syracuſe, perſuadé que ceux qui ont dans les mains les loix pour gouverner les peuples, doivent toujours se gouverner eux-mêmes par les loix, se conduisant de telle sorte qu'on pouvait dire, que c'était la loi & non Hiéron qui regnait. Il ne se croyait riche & puissant que pour faire du bien, & pour rendre les autres heureux. Il n'avait pas besoin de se précautionner pour la sûreté de la vie, il avait toujours autour de lui la plus sûre garde, qui est l'amour des peuples, & Syracuse ne craignait rien tant que de le perdre. Aussi sa mort fut pleurée comme celle du pere commun de l'Etat; les bouches, & plus encore les cœurs, long-tems après étaient remplis de son nom & ne cessaient de bénir sa mémoire.

Marc-Aurele rend ce témoignage du Philosophe Sextus, qui lui avait enseigné les lettres Grecques: „ Sextus, dit-il, m'a enseigné par son exemple à „ être doux, à gouverner ma maison en bon pere „ de famille, à avoir une gravité simple sans affec- „ tation, à tâcher de deviner & de prévenir les „ souhaits & les besoins de mes amis, à souffrir „ les ignorans & les présomptueux, qui parlent „ sans penser à ce qu'ils disent, & à m'accommo- „ der à la portée de tout le monde". Voilà d'excellentes qualités, sur-tout celle qui le portait à deviner & à prévenir les souhaits & les besoins de ses amis, parce qu'elle marque que Marc-Aurele connaissait le devoir essentiel d'un Prince, qui est d'être intimément persuadé que, par sa qualité de Prince, „ *il est né pour les autres, & non les* „ *autres pour lui*".

„ C'eſt une parole digne de la majeſté d'un „ Prince de déclarer que tout Souverain qu'il eſt, il „ ſe croit lié & aſtreint par les loix, tant votre au„ torité dépend de celle du droit & de la juſtice. „ En effet, il y a plus de grandeur à ſoumettre „ ſon pouvoir aux Loix, qu'à exercer la ſouve„ raineté; & nous ſommes bien aiſes de rendre „ public & de notifier aux autres ce que nous ne „ croyons pas nous être permis". C'eſt un Empereur, (Juſtinien) maître de preſque tout l'univers, qui parle ainſi, & qui ne craint point de donner atteinte à ſon autorité, en déclarant lui-même les juſtes bornes dans leſquelles elle eſt renfermée.

„ Nous ordonnons à tous les juges, dit le mê„ me Empereur, de n'avoir aucun égard aux „ Reſcrits qu'on aura obtenus de nous contraires „ à la juſtice, à moins qu'ils ne tendent à accor„ der quelque grace, qui ne faſſe de tort à per„ ſonne, ou à remettre à des coupables la peine „ dûe à leurs crimes". Il eſt rare aux Princes de reconnaître qu'ils ſe ſont trompés eux-mêmes, ou qu'on les ait trompés, & de rétracter en conſéquence ce qu'ils ont une fois ordonné. Rien cependant ne leur fait plus d'honneur qu'un tel aveu, comme on le voit par l'exemple d'Artaxerxès, qui révoqua publiquement l'édit injuſte qu'on lui avait arraché contre les Juifs.

Les mœurs ordinaires des Grands ſont orgueil incomptable, dit un ancien auteur Français: *durus & veri inſolens, ad recta flecti Regius non vult tumor :* violence trop lientieuſe: *id eſt regni maximum pignus putant ſi quidquid aliis non licet : quod non poteſt, & poſſe qui nimium poteſt.* Leur mot favori eſt : *Quod libet, licet* : Soupçon, jalouſie : *Suaprè natura potentiæ anxii* : Voire juſqu'à leurs enfans, *ſuſpectus ſemper inviſusque dominantibus quisquis proximus deſtinatur, adeò ut displiceant etiam civilia filiornm ingenia* : d'où vient qu'ils ſont ſouvent en allarmes, & en crainte, *ingenia Regum prona ad formidinem.*

La plus grande miſere des Princes, la plus pernicieuſe aux peuples, eſt qu'ils ne ſont point libres au choix des perſonnes, ni en la ſcience vraie des choſes. Il ne leur eſt pas permis de ſavoir au vrai l'état des affaires, ni de connaître, & par conſéquent ni d'employer & appeller tel qu'il vaudrait bien & ſerait bien requis. Ils ſont toujours enfermés & aſſiégés de certaines gens, qui ſont ou de leur propre ſang, ou qui pour la grandeur de leurs maiſons & offices, ou par preſcription, ſont ſi avant en autorité, force, & manîment des affaires, qu'il ne leur eſt loiſible, ſans mettre tout au hazard, les méconter, reculer, ou mettre en jalouſie. Or ces gens-là qui couvrent & tiennent comme caché le Prince, empêchent que toute la vérité des choſes ne lui apparaiſſe, & qu'autres meilleurs & plus utiles ne s'approchent & ne ſoient connus ce qu'ils ſont : c'eſt pitié de ne voir que par les yeux, & de n'entendre que par les oreilles d'autrui, comme ſont les Princes. Et ce qui acheve de tout point cette miſere, c'eſt qu'ordinairement, & comme par un deſſus, les

Princes & Grands ſont poſſédés par trois ſortes de gens, peſtes du genre-humain, flatteurs, inventeurs d'impôts, délateurs, lesquels ſous beau & faux prétexte de zele & d'amitié, gâtent le Prince & l'Etat.

Tout remuement & changement des Loix, créances, coûtumes & obſervations, eſt très-dangereux, & qui produit toujours plutôt mal que bien; il apporte des maux tout certains & préſens, pour un bien à venir & incertain. Les novateurs ont bien toujours des ſpécieux & plauſibles titres, mais ils n'en ſont que plus ſuſpects, & ne peuvent échapper la note d'une ambitieuſe préſomption, de penſer & voir plus clair que les autres; & qu'il faut, pour établir leurs opinions, renverſer un Etat, une police, une paix & un repos public.

La premiere des choſes requiſes en un Souverain eſt la vertu tant néceſſaire, non tant pour ſoi que pour l'Etat. Il eſt premiérement bien convenable que celui qui eſt par-deſſus tous, ſoit le meilleur de tous, ſelon le dire de Cyrus; & puisqu'il y va de ſa réputation, car ce bruit recueille tous les faits & dits de celui qui le maîtriſe, il eſt en vue de tous, & ne ſe peut cacher non plus que le ſoleil; donc, ou en bien ou en mal, on parlera beaucoup de lui; & il importe de beaucoup & pour lui & pour l'Etat, en quelle opinion il ſoit.

Or non-ſeulement en ſoi, & en ſa vie, le Souverain doit être revêtu de vertu, mais il doit donner ſes ſoins pour que ſes ſujets lui reſſemblent: car, comme ont dit tous les ſages, l'Etat ou la République ne peut durer ni proſpérer, dont la vertu eſt bannie. Or le moyen très-puiſſant pour les induire & former à la vertu, c'eſt l'exemple du Prince, car comme l'expérience le montre, tous ſe moulent au patron & modele du Prince; la raiſon eſt que l'exemple preſſe plus que la loi : c'eſt une loi muette, laquelle a plus de crédit que le commandement: *nec jam imperio nobis opus quam exemplo, & mitius jubetur exemplo.* La vertu eſt honorable & profitable au Souverain.

Sans la juſtice, les Etats ne ſont que brigandages; le Prince doit la garder & faire valoir, & en ſoi & aux autres. En ſoi, car il faut avoir en abomination ces paroles tyranniques & barbares, qui diſpenſent les Souverains de toutes loix, raiſon, équité, obligation; qui les diſent n'être tenus à aucun autre devoir qu'à leur vouloir & bon plaiſir; qu'il n'y a point de loix pour eux, que tout eſt bon & juſte, qui accommode leurs affaires; que l'équité eſt la force, leur devoir eſt un pouvoir: & leur oppoſer les beaux & ſaints avis des Sages, que plus doit être réglé & retenu qui plus a de pouvoir; la plus grande puiſſance doit être la plus étroite bride; la regle de pouvoir eſt le devoir, *minimum decet libere cui nimium licet, non fas potentes poſſe, fieri quod nefas.* Le Prince doit donc être le premier juſte & équitable, gardant bien & inviolablement ſa foi; fondement de juſtice à tous & un chacun, quel qu'il ſoit.

C'eſt choſe mal à propos aux Souverains de vouloir ſe faire valoir par vertu, par grandes &

exceſſives dépenſes, même parmi leurs ſujets, où ils peuvent tout. C'eſt un témoignage de puſillanimité, & de ne ſentir pas aſſez ce que l'on eſt, outre qu'il ſemble aux ſujets ſpectateurs de ces triomphes, qu'on leur fait montre de leurs dépouilles, qu'on les fêtoye à leurs dépens, qu'on repaît leurs yeux, de ce qui devait paître leur ventre: & puis le Prince doit penſer qu'il n'a rien proprement ſien; il ſe doit ſoi-même à autrui.

Le plus ferme appui de l'Etat, c'eſt la conſtance, qui eſt une fermeté & réſolution par laquelle le Prince, marchant toujours de même pied, ſans varier ni changer, maintient toujours & preſſe l'obſervation des loix & coutumes anciennes. Le changer & n'adviſer, outre que c'eſt argument d'inconſtance & d'irréſolution, apporte & aux loix & au Souverain & à l'Etat, du mépris & mauvaiſe opinion, dont les ſages défendent tant de rien remuer & changer aux loix & coûtumes, fût-ce en mieux. Car le remuement apporte toujours plus de mal, d'incommodité, outre l'incertitude & le danger, que ne peut apporter de bien la nouveauté. Par quoi tous les novateurs ſont ſuſpects, dangereux & à chaſſer.

Les conditions d'un bon Prince & d'un tyran, ſont toutes notoirement diſſemblables & aiſées à diſtinguer. Elles reviennent toutes à ces deux points: l'un, garder les loix de Dieu & de nature, ou les fouler aux pieds: l'autre, faire tout pour le bien public & profit des ſujets, ou faire tout ſervir à ſon profit & plaiſir particulier. Or, le Prince, pour être tel qu'il doit, faut qu'il ſe ſouvienne toujours, que comme la félicité est de pouvoir tout ce que l'on veut, aussi est-ce vraie grandeur de vouloir tout ce que l'on doit.

„ *Cæsari cum omnia liceant, propter hoc minus* „ *licet: ut felicitatis est posse quantum velis, sic* „ *magnitudis velle quantum possis, vel potius* „ *quantum debeas*". (Plin. *de Traj.*)

Le plus grand malheur qui puisse arriver à un Prince, c'est de croire qu'il lui est loisible tout ce qu'il peut & lui plaît: sitôt qu'il a consenti à cette pensée, de bon il devient méchant. Or cette opinion leur vient des flatteurs, qui ne manquent jamais à leur prêcher toujours la grandeur de leur pouvoir, & bien peu y a de fideles serviteurs qui leur osent dire l'obligation de leurs devoirs.

Le Prince se doit soigneusement garder de trois causes; l'une de ressembler par trop grandes & excessives impositions, à ces tyrans, ronge-sujets, mange-peuples, *qui devorant plebem sicut escam panis, quorum ærarium spoliarium civium, cruentarumque prædarum receptaculum*: car il y a danger de tumultes, dissensions, guerres intestines, civiles: témoins tant d'exemples & affreux accidens. Secondement Sordidité; tant à amasser, à rapiner: „ *indignum lucrum ex omni occasione,* „ *odorari: & ut dicitur, etiam, à mortuo aufer-* „ *re*". Par quoi ne se doit servir à cela d'accusations, confiscations, dépouilles injustes; qu'à ne rien donner, ou donner trop peu & mercénairement, & se laisser par trop importuner par requête & longue poursuite: troisiémement, de violence, en la levée de fourage, pillerie, & que s'il est possible, l'on ne vienne à saisir meubles, ou outils du labourage. Ceci regarde principalement les Receveurs & Exacteurs, qui par leur rigueur exposent le Prince à la haine & au ressentiment du peuple, & le diffament: gens fins, barbares, cruels, à six mains, à trois têtes (dit un auteur) à quoi le Prince doit pourvoir, qu'ils soyent prud'hommes : puis il faut les chasser rudement avec rudes châtimens, & grosses amendes pour leur faire rendre & regorger comme éponges ce qu'ils ont sucé & tiré induement du peuple.

D'autant que l'un des principaux devoirs du Prince est à discerner & ordonner des loyers & des peines, & pour ce que l'un est favorable, & l'autre odieux, le Prince doit retenir à soi la distribution des loyers & bienfaits, qui sont états, honneurs, offices, bénéfices, privileges, pensions, exemptions, immunités, restitutions, graces & faveurs, & renvoyer à ses officiers à faire & prononcer condamnations, amendes, confiscations, privations, supplices, & autres peines.

Tous ont quelquefois besoin d'administration, mais sur-tout ceux qui sont en grande prospérité; car il est très-difficile d'être heureux & sage tout ensemble; & les Princes qui soutiennent une vie tant publique, ont à fournir à tant de choses, ne voient & n'entendent que par les yeux & les oreilles d'autrui; & tant de choses leur sont célées; ils ont un besoin extrême d'être avertis, autrement courent une grande fortune, ou ils doivent être bien sages.

Flatterie eſt un poiſon très dangereux à tous particuliers, & la presque unique cauſe de la ruine du Prince & de l'Etat. C'eſt pire que faux témoignage, lequel ne corrompt pas le juge, mais le trompe ſeulement, lui faiſant donner méchante ſentence contre la volonté & jugement: mais la flatterie corrompt le jugement, enchante l'eſprit, & le rend incapable de connaître la vérité; & ſi le Prince eſt une fois corrompu de flatterie, il faudra que tous ceux qui ſont autour de lui, s'ils ſe veulent ſauver, ſoient flatteurs. C'eſt donc une choſe autant pernicieuſe, que la vérité eſt excellente, car c'eſt corruption de la vérité; c'eſt auſſi un vilain vice d'ame lâche, baſſe & béliſtre, auſſi difforme à l'homme, que l'impudence l'eſt à la femme: *Ut matrona meretrici diſpar erit, atque discolor, infido ſcurræ diſtabit amicus.* Et ſont comparés les flatteurs aux empoiſonneurs, vendeurs d'huile, quêteurs de repues franches, aux loups; & dit un autre ſage, qu'il vaudrait mieux tomber entre les corbeaux que flatteurs.

Le Prince eſt obligé de garder ſes promeſſes & ſes conventions, ſoit avec ſes ſujets, ou autres, y ayant intérêt. C'eſt l'équité naturelle & univerſelle. Dieu même garde ſes promeſſes. D'avantage, le Prince eſt caution & garant formel de la loi, & des conventions mutuelles de ſes ſujets. Il doit donc par deſſus tout garder la foi, n'y ayant rien de plus déteſtable en un Prince que la perfidie & le parjure, dont il a été dit avec raiſon, qu'on doit mettre entre les cas fortuits, ſi le Prince contrevient à ſa promeſſe, & qu'il n'eſt pas à présumer au contraire. Voir, il doit garder les promesses & conventions de ses prédécesseurs, si elles sont au bien & au profit public.

Le Prince est débiteur de justice à tous ses sujets, & doit mesurer la puissance au pied de la justice. C'est la propre vertu du Prince vraiment Royal, & principe que, dont justement fût dit par une vieille femme au Roi Philippe, pere d'Alexandre, qui délayait lui faire justice, disant n'avoir le loisir, qu'il désistât donc & cessât d'être Roi. Mais Demétrius n'en eut pas si bon marché, qui fut dépouillé de son Royaume par ses sujets, pour avoir jetté d'un pont en la riviere plusieurs de leurs requêtes, sans y avoir répondue & fait droit.

Le Prince doit aimer, chérir, veiller & avoir soin de son Etat, comme le mari de sa femme, le pere de ses enfans, le pasteur de son troupeau, ayant toujours devant les yeux l'intérêt & le repos de ses sujets. Le bien de l'Etat est, selon la pensée d'un Ancien, le but & le contentement d'un bon Prince: „ *ut Respublica opibus firma*, „ *copiis locuples*, *gloria ampla*, *virtute honesta* „ *sit*". Le Prince qui s'arrête à lui-même, à ses goûts, à ses caprices, à ses voluptés, s'abuse; car il n'est pas à lui-même, ni l'Etat aussi n'est pas à lui, mais il est lui Prince à l'Etat. Il en est bien le maître, non pas pour maîtriser, mais pour le maintenir: „ *cui non civium servitus* „ *tradita*, *sed tutela*": pour le soigner & veiller, afin que sa vigilance garde tous ses sujets dormans, son travail les fasse hommes, son industrie les maintienne en délices, son occupation leur donne vacations, & que tous ses sujets sentent & sachent qu'il est autant pour eux, que par dessus eux......

Le Roi peut tout sur les peuples, disait le sage Mentor à Télémaque; mais les loix peuvent tout sur lui. Il a une puissance absolue pour faire le bien, & les mains liées dès qu'il veut faire le mal. Les Loix lui confient les peuples comme le plus précieux de tous les dépôts, à condition qu'il sera le pere de tous ses sujets. Elles veulent qu'un seul homme serve par sa sagesse & par sa modération à la félicité de tant d'hommes, & non pas que tant d'hommes servent par leur misere & par leur servitude lâche à flatter l'orgueil & la molesse d'un seul homme. Le Roi ne dit rien avoir au dessus des autres, excepté ce qui est nécessaire ou pour le soulager dans ses pénibles fonctions, ou pour imprimer aux peuples le respect de celui qui doit soutenir les loix. D'ailleurs, le Roi doit être plus sobre, plus ennemi de la molesse, plus exempt de faste & de hauteur qu'aucun autre. Il ne doit point avoir plus de richesses & de plaisirs, mais plus de sagesse, de vertu & de gloire, que le reste des hommes. Il doit être au dehors le défenseur de la patrie, en commandant les Armées; & au dedans le juge des peuples, pour les rendre bons, sages & heureux. Ce n'est point pour lui-même que les Dieux l'ont fait Roi; il ne l'est que pour être l'homme des peuples: c'est au peuple qu'il doit son tems, ses soins, son affection; & il n'est digne de la Royauté, qu'autant qu'il s'oublie lui-même pour se sacrifier au bien public.

Veillez, vous qui n'êtes Roi, c'est-à-dire pasteur du peuple, que pour veiller nuit & jour sur votre troupeau; par-là vous préviendrez un nombre infini de désordres & de crimes.... Quelle détestable maxime de ne croire trouver sa sûreté que dans l'oppression des peuples! ne les point faire instruire, ne les point conduire à la vertu, ne s'en faire jamais aimer, les pousser par la terreur jusqu'au desespoir, les mettre dans l'affreuse nécessité, ou de ne pouvoir jamais respirer librement, ou de secouer le joug de votre tyrannique domination! Est-ce-là le vrai moyen de regner sans trouble? est-ce-là le vrai chemin qui conduit à la gloire?

Le Roi qui ne peut être grand tout seul, & qui n'est grand que par ses peuples, s'anéantit lui-même peu à peu par l'anéantissement insensible des peuples dont il tire ses richesses & sa puissance. Son pouvoir absolu fait autant d'esclaves qu'il a de sujets. On le flatte, on fait semblant de l'adorer, on tremble au moindre de ses regards. Mais attendez la moindre révolution: cette puissance monstrueuse poussée jusqu'à un excès trop violent, ne saurait durer; elle n'a aucune ressource dans le cœur des peuples, elle a lassé & irrité tout le corps de l'Etat, elle contraint tous les membres de ce corps de soupirer après un changement. Au premier coup qu'on lui porte, l'idole se renverse, se brise, & est foulée aux pieds. Le mépris, la haine, la crainte, le reſſentiment, la défiance, en un mot, toutes les paſſions ſe réuniſſent contre une autorité ſi odieuſe. Le Roi qui dans ſa vaine proſpérité ne trouvait pas un ſeul homme aſſez hardi pour lui dire la vérité, ne trouvera dans ſon malheur aucun homme qui daigne ni l'excuſer ni le défendre contre ſes ennemis.

Les Rois ſont d'ordinaire défians & inappliqués; défians, par l'expérience continuelle qu'ils ont de l'artifice des hommes corrompus dont ils ſont environnés; inappliqués, parce que les plaiſirs les entraînent, & qu'ils ſont accoutumés à avoir des gens chargés de penſer pour eux, ſans qu'ils en prennent eux-mêmes la peine.

Quelle eſt la faibleſſe & l'embarras des Princes! Quand ils ſont une fois livrés à des hommes qui ont l'art de ſe rendre néceſſaires, ils ne peuvent plus eſpérer aucune liberté. Ceux qu'ils mépriſent le plus, ſont ceux qu'ils traitent le mieux & qu'ils comblent de bienfaits. —— Idomenée avait horreur de Protéſilas, & il lui laiſſait toute l'autorité: il était trop ennemi des affaires, & trop inappliqué pour pouvoir ſe tirer de ſes mains; il aurait fallu renverſer l'ordre qu'il avait établi pour ſa commodité, & inſtruire un nouvel homme: c'eſt ce qu'il n'avait pas la force d'entreprendre.

Combien eſt pernicieuſe la vaine hauteur & la fauſſe gloire dans laquelle on éleve les Rois! „ Ils „ ne veulent jamais avoir tort. Pour couvrir une „ faute, il en faut faire cent. Plutôt que d'avouer „ qu'on s'eſt trompé, & que de ſe donner la pei-

„ ne de revenir de ſon erreur, il faut ſe laiſſer „ tromper toute ſa vie". Voilà l'état des Princes faibles & inappliqués.

Les hommes trompeurs & hardis entraînent toujours les Princes faibles. Mais ceux-ci ont encore un autre malheur qui n'eſt pas moindre, c'eſt celui d'oublier facilement la vertu & les ſervices du bon citoyen. La multitude des hommes qui environnent les Princes, eſt cauſe qu'il n'y en a aucun qui faſſe une impreſſion profonde ſur eux; ils ne ſont frappés que de ce qui eſt préſent & qui les flatte : tout le reſte s'efface bientôt. Surtout la vertu les touche peu, parce que la vertu, loin de les flatter, les contredit & les condamne dans leurs penchans vicieux. Faut-il s'étonner s'ils ne ſont point aimés, puisqu'ils n'aiment rien que leur grandeur, leurs plaiſirs, leurs voluptés?

Les Princes gâtés par la flatterie, trouvent ſec & auſtere tout ce qui eſt libre & ingénu. Ils vont même jusqu'à s'imaginer qu'on n'eſt pas zélé pour leur ſervice & qu'on n'aime pas leur autorité, dès qu'on n'a point l'ame ſervile & qu'on n'eſt pas prêt à les flatter dans l'uſage le plus injuſte de leur puiſſance. Toute parole libre & généreuſe leur paraît hautaine, critique & ſéditieuſe. Ils deviennent ſi délicats que tout ce qui n'eſt point flatterie, les bleſſe & les irrite.

Il faut aux Princes un homme qui n'aime que la vérité, & qui les aime mieux qu'ils ne ſavent s'aimer eux-mêmes, qui leur diſe la vérité malgré eux, qui force tous leurs retranchemens. Un Prince eſt trop heureux quand il naît un ſeul homme ſous ſon regne avec cette générosité, qui est le plus précieux trésor de l'Etat ; & la plus grande punition qu'il doit craindre de Dieu, est de perdre un tel homme, s'il s'en rend indigne faute de savoir s'en servir.

Quand Idomenée apprit que Philoclès, qu'il avait injustement disgracié, par les artifices du perfide Protésilas, mais qu'il avait rappellé par les sages conseils de Mentor, entrait dans le port, il courut au devant de lui, l'embrassa tendrement, & lui témoigna un sensible regret de l'avoir persécuté avec tant d'injustice. Cet aveu, bien loin de paraître une faiblesse dans un Roi, fut regardé par tous les Salentins comme un effort d'une grande ame, qui s'éleve au dessus de ses propres fautes, en les avouant avec courage pour les rappeller. Tout le monde pleurait de joie de revoir l'homme de bien qui avait aimé le peuple.

Télémaque vit dans le Tartare plusieurs des anciens Rois de Lydie, qui étaient punis pour avoir préféré les délices d'une vie molle, au travail pour le soulagement des peuples, qui doit être inséparable de la Royauté. Ces Rois se reprochaient les uns aux autres leur aveuglement; l'un disait à l'autre qui avait été son fils : ne vous avais-je pas recommandé souvent pendant ma vieillesse, & avant ma mort, de réparer les maux que j'avais faits par mon indolence & par ma négligence ? Ah ! malheureux pere, disait le fils, c'est vous qui m'avez perdu ; c'est votre exemple qui m'a inspiré le faste, l'orgueil, la volupté & la dureté pour les hommes. En vous voyant regner avec tant de molesse, &

avec tant de lâches flatteurs autour de vous, je me ſuis accoutumé à aimer la flatterie, la volupté, les plaiſirs. J'ai cru que le reſte des hommes était à l'égard des Rois, ce que les chevaux & les autres bêtes de charge ſont à l'égard des hommes, c'eſt-à-dire des animaux dont on ne fait cas qu'autant qu'ils rendent de ſervice & qu'ils donnent de commodité. Je l'ai cru, c'eſt vous qui me l'avez fait croire; & maintenant je ſouffre tant de maux pour vous avoir imité. A ces reproches ils ajoutaient les plus affreuſes malédictions, & paraiſſaient animés de rage pour s'entre-déchirer. Autour de ces Rois voltigeaient encore comme des hiboux pendant la nuit, les cruels ſoupçons, les vaines allarmes, les défiances, qui vengent les peuples de la dureté de leurs Rois, la faim inſatiable des richeſſes, la fauſſe gloire toujours tyrannique, & la moleſſe lâche qui redouble tous les maux qu'on ſouffre, ſans pouvoir jamais donner de ſolides plaiſirs. On voyait pluſieurs de ces Rois ſévérement punis, non pour les maux qu'ils avaient faits, mais pour le bien qu'ils auraient dû faire. Tous les crimes des peuples qui viennent de la négligence avec laquelle on fait obſerver les loix, étaient imputés aux Rois, qui ne doivent regner, qu'afin que les loix regnent par leur miniſtere. On leur imputait auſſi tous les déſordres qui viennent du faſte, du luxe, & de tous les autres excès qui jettent les hommes dans un état violent, & dans la tentation de violer les loix pour acquérir du bien. Surtout on traitait rigoureuſement les Rois, qui, au lieu d'être bons & vigilans paſteurs des peuples, n'avaient ſongé qu'à ravager le troupeau comme des loups dévorans. Mais ce qui conſterna davantage Télémaque, ce fut de voir dans cet abîme de ténebres & de maux un grand nombre de Rois, qui ayant paſſé ſur la terre pour des Princes aſſez bons, avaient été condamnés aux peines du Tartare, pour s'être laiſſés gouverner par des hommes méchans & artificieux. Ils étaient punis pour les maux qu'ils avaient laiſſé faire par leur autorité. La plupart de ces Rois n'avaient été ni bons, ni méchans, tant leur faibleſſe avait été grande; ils n'avaient jamais craint de ne pas connaître la vérité; ils n'avaient point eu le goût de la vertu, & n'avaient point mis leur félicité à faire du bien.

Hélas! que la Royauté eſt trompeuſe! quand on la regarde de loin, on ne voit que grandeur, éclat & délices, mais de près tout eſt épineux. Un particulier peut ſans deshonneur mener une vie douce & obſcure: un Roi ne peut, ſans ſe deshonorer, préférer une vie douce & oiſive aux fonctions pénibles du gouvernement; il ſe doit à tous les hommes qu'il gouverne, & il ne lui eſt jamais permis d'être à lui-même. Ses moindres fautes ſont d'une conſéquence infinie, parce qu'elles cauſent les malheurs des peuples, & quelquefois pendant pluſieurs ſiecles. Il doit réprimer l'audace des méchans, ſoutenir l'innocence, diſſiper la calomnie. Ce n'eſt pas aſſez pour lui de ne faire aucun mal, il faut qu'il faſſe tous les biens poſſibles dont l'Etat a beſoin. Ce n'eſt pas aſſez de faire le bien par ſoi-même, il faut encore empêcher tous les maux que les autres feraient, s'ils n'étaient retenus.

O vous qui êtes établis les conducteurs des hommes, & qui ne commandez sur eux que pour les conserver, comme un pasteur conserve son troupeau; vous êtes donc les loups cruels, & non pas les pasteurs; du moins vous n'êtes pasteurs que pour tondre & pour égorger le troupeau, au lieu de le conduire dans les pâturages. Selon vous, on est coupable dès que l'on est accusé; un soupçon mérite la mort; les innocens sont à la merci des envieux & des calomniateurs; & à mesure que la défiance tyrannique croîtra dans nos cœurs, il faudra aussi égorger plus de victimes.

Quand on veut être le maître des hommes pour l'amour de soi-même, n'y regardant que sa propre autorité, ses plaisirs, ses voluptés, on est impie, on est tyran, on est le fléau du genre humain. Quand, au contraire, on ne veut gouverner les hommes que selon les vraies regles pour leur propre bien, on est moins leur maître que leur tuteur; on n'en a que de la peine qui est infinie, & on est éloigné de vouloir étendre plus loin son autorité.

Les Princes nourris dans la pourpre veulent que tout se fasse à leur mode, & que toute la nature obéisse à leur volonté, mais ils n'ont pas la force de résister à personne en face. Ce n'est pas qu'ils se soucient des hommes, ni qu'ils craignent par bonté de les affliger, mais c'est pour leur propre commodité: ils ne veulent point voir autour d'eux des visages tristes & mélancoliques. Les peines & les miseres des hommes ne les touchent point, pourvu qu'elles ne soient point sous leurs yeux; s'ils en entendent parler, ce discours les importune & les attriste: pour leur plaire, il faut toujours leur dire que tout va bien; & pendant qu'ils sont dans leurs plaisirs, ils ne veulent rien voir ni entendre qui puisse interrompre leur joie.

Les Princes, faute de savoir en quoi consiste la vraie vertu, ne savent point ce qu'ils doivent chercher dans les hommes; la vraie vertu a pour eux quelque chose d'âpre, elle leur paraît trop austere & indépendante, elle les effraye & les aigrit; ils se tournent vers la flatterie: dès-lors ils ne peuvent plus trouver ni de sincérité, ni de vertu. Ils s'accoutument bientôt à croire qu'il n'y a point de vraie vertu sur la terre; car les bons connoissent bien les méchans; mais les méchans ne connoissent point les bons, & ne peuvent pas croire qu'il y en ait. De tels Princes ne savent que se méfier de tout le monde également: ils se cachent, ils se renferment, ils sont jaloux sur les moindres choses; ils craignent les hommes & se font craindre d'eux; ils fuient la lumiere, ils n'osent paraître dans leur naturel: quoiqu'ils ne veulent pas être connus, ils ne laissent pas de l'être; car la curiosité maligne de leurs sujets pénetre & devine tout, mais ils ne connoissent personne. Les gens intéressés qui les obsedent, sont ravis de les voir inaccessibles. Un Roi inaccessible aux hommes, l'est aussi à la vérité. On noircit par d'infames rapports & on écarté de lui tout ce qui pourrait lui ouvrir les yeux. Dès qu'on ne parle qu'à un petit nombre de gens, on s'engage à recevoir toutes leurs passions & tous leurs préjugés. De plus, on est à la merci des *rapporteurs*, nation basse & maligne & qui se nourrit de venin, qui empoisonne les choses innocentes, qui grossit les petites, qui invente le mal, plutôt que de cesser de nuire, qui se joue pour son intérêt de la défiance & de l'indigne curiosité d'un Prince faible & ombrageux.

Un Roi est l'esclave de tous ceux auxquels il paraît commander: il n'est pas tant fait pour leur commander, qu'il est fait pour eux: il se doit tout entier à eux: il est chargé de tous leurs besoins, il est l'homme de tout le peuple, & de chacun en particulier. Il faut qu'il s'accommode à leurs faiblesses, qu'il les corrige en pere, qu'il les rende sages & heureux. L'autorité qu'il paraît avoir n'est pas la sienne; il ne peut rien faire ni pour sa gloire, ni pour son plaisir; son autorité est celle des loix, il faut qu'il leur obéisse pour en donner l'exemple à ses sujets. A proprement parler, il n'est que le défenseur des loix pour les faire regner; il faut qu'il veille & qu'il travaille pour les maintenir: il est l'homme le moins libre & le moins tranquille de son Royaume. C'est un esclave qui sacrifie son repos & sa liberté, pour la liberté & la félicité publique.

Un Roi n'est Roi que pour avoir soin de son peuple, comme un berger de son troupeau, ou comme un pere de sa famille. Il corrige les méchans par des punitions, il encourage les bons par des récompenſes; il repréſente les Dieux en conduiſant ainſi à la vertu tout le genre humain. N'a-t-il pas aſſez à faire à garder les loix? „ Celle de „ ſe mettre au deſſus des loix, eſt une gloire „ fauſſe, qui n'inſpire que de l'horreur & du mé- „ pris". S'il eſt méchant, il ne peut être que malheureux, car il ne ſaurait trouver aucune paix dans ſes paſſions & dans ſa vanité. S'il eſt bon, il doit goûter le plus pur & le plus ſolide de tous les plaiſirs, à travailler pour la vertu & à attendre des Dieux une éternelle récompenſe.

Quand vous regnerez, diſait Minerve à Télémaque, mettez toute votre gloire à renouveller l'âge d'or; écoutez tout le monde, croyez peu de gens: gardez-vous bien de vous croire trop vous-même: craignez de vous tromper; mais ne craignez jamais de laiſſer voir aux autres que vous avez été trompé: aimez les peuples, n'oubliez rien pour en être aimé. La crainte eſt néceſſaire quand l'amour manque; mais il la faut toujours employer à regret, comme les remedes violens & dangereux. Conſidérez toujours de loin toutes les ſuites de ce que vous voulez entreprendre: prévoyez les plus terribles inconvéniens, & ſachez que le vrai courage conſiſte à enviſager tous les périls, & à les mépriſer quand ils deviennent néceſſaires. Fuyez la moleſſe, le faſte, la profuſion; mettez votre gloire dans la ſimplicité: que vos vertus & vos bonnes actions ſoient les ornemens de votre perſonne & de votre palais; qu'elles ſoient la garde qui vous environne, & que tout le monde apprenne de vous en quoi consiste le vrai honneur: n'oubliez jamais que les Rois ne regnent point pour leur propre gloire, mais pour le bien des peuples. Les biens qu'ils font, s'étendent jusque dans les siecles les plus éloignés; les maux qu'ils font, se multiplient de génération en génération, jusqu'à la postérité la plus reculée. Un mauvais regne fait quelquefois la calamité de plusieurs siecles. Sur-tout soyez en garde contre votre humeur. C'est un ennemi que vous porterez partout avec vous, jusqu'à la mort. Il entrera dans vos conseils, & vous trahira, si vous l'écoutez. L'humeur fait perdre les occasions les plus importantes: elle donne des inclinations & des aversions d'enfant au préjudice des plus grands intérêts; elle fait décider les plus grandes affaires par les plus petites raisons; elle obscurcit tous les talens, rend un homme inégal, faible, vil & insupportable. Défiez-vous de cet ennemi. Craignez les Dieux, ô Télémaque! Cette crainte est le plus grand trésor du cœur de l'homme; avec elle vous viendront la sagesse, la justice, la paix, la joie, les purs plaisirs, la vraie liberté, la douce abondance, & la gloire sans tache.

LE TOCSIN

CONTRE

LE DESPOTISME

DU

SOUVERAIN.

Je hais ces mots de Puissance Absolue,
De Plein Pouvoir, de Propre Mouvement;
Aux Saints Decrets ils ont premiérement,
Puis à nos Loix, la Puissance tollue.

97 Quatr. de PIBRAC.

LE TOCSIN
CONTRE
LE DESPOTISME
DU
SOUVERAIN.

I.

IL y'a plus de douze cents ans que la France a des Rois; mais ces Rois n'ont pas toujours été abſolus au point qu'ils le ſont aujourd'hui. Leur autorité n'a jamais été réglée, comme celle des Rois d'Angleterre, par des loix écrites; elle a été ſeulement tempérée par des Coutumes, & comme miſe en dépôt au commencement dans les mains des Etats Généraux, & depuis dans celles des Parlemens.

Les enrégiſtremens des Traités faits entre les couronnes, & les vérifications des Edits pour les levées d'argent, ſont des images presque effacées de ce ſage milieu que nos vieux peres avoient trouvé, entre la licence des Rois, & le libertinage des Peuples.

Ce milieu a été confidéré par les Sages & les bons Princes, comme un affaifonnement de leur pouvoir, très utile même pour le faire goûter aux fujets; il a été regardé par les mal-habiles, & les mal-intentionnés, comme un obftacle à leurs déréglemens & à leurs caprices.

L'Hiftoire du Sire de Joinville nous fait voir clairement que Saint-Louis l'a connu & eftimé; & les ouvrages d'Oresme de Lifieux, & du fameux Juvenal des Urfins, nous convainquent, que Charles V, qui a mérité le titre de Sage, n'a jamais cru que fa puiffance fût au deffus des loix & de fon devoir. Louis XI, plus artificieux que prudent, donna fur ce chef, auffi bien que fur tous les autres, atteinte à la bonne foi. Louis XII l'eut rétabli, fi l'ambition du Cardinal d'Amboife, maître abfolu de fon efprit, ne s'y fût oppofé. L'avarice infatiable du Connétable de Montmorency, lui donna bien plus de mouvement à étendre l'autorité de François I, qu'à la régler. Les vaftes & lointains deffeins des Princes de Guife ne leur permirent pas fous François II, de penfer à y donner des bornes. Sous Charles IX, & fous Henri III, la cour, fatiguée de troubles, prit pour révolte ce qui n'étoit pas foumiffion. Henri IV, qui ne fe défioit pas des Loix, parce qu'il fe fioit en lui-même, marqua combien il les eftimoit, par la confidération qu'il eut pour les Remontrances très hardies de Miron, Prevôt des marchands. Louis XIII, felon M. de Rohan, n'étoit jaloux de fon autorité qu'à force de ne pas la connoître. Le Maréchal d'Ancre & le Connétable de Luines n'étoient que des ignorans, qui n'étoient pas capables de l'en informer. Le Cardinal de Richelieu, qui leur ſuccéda, fit, pour ainſi dire, un fond de toutes les mauvaiſes intentions & de toutes les ignorances des deux derniers ſiecles, pour s'en ſervir ſelon ſes intérêts. Il les déguiſa en maximes utiles & néceſſaires, pour établir l'autorité royale despotique; & la fortune ſecondant ſes deſſeins, par le déſarmement du parti Proteſtant en France, par les victoires des Suédois, par la foibleſſe de l'Empire, par l'incapacité de l'Eſpagne, il forma dans la plus douce des Monarchies, la plus ſcandaleuſe & la plus dangereuſe tyrannie qui ait peut-être jamais aſſervi un Etat.

Louis XIV & Louis XV, en marchant ſur les traces de leurs prédéceſſeurs, ont totalement ſoumis le Peuple au joug, à l'aide de leurs dignes Miniſtres, les Mazarins, les Colberts, les Louvois, les Fleurys, les Maupeoux.

L'habitude qui a eu la force, en quelques pays, d'accoutumer les hommes au feu, a endurci les François à des choſes que leurs peres auroient appréhendées plus que le feu & la mort même. Les François d'aujourd'hui ne ſentent pas la ſervitude que leurs peres, les Francs d'autrefois, ont déteſtée, autant pour leur propre intérêt, que pour celui de leurs maîtres.

L'odieux Cardinal de Richelieu fut presque le premier à faire des crimes de ce qui faiſait autrefois des vertus. Les Mirons, les Harlais, les Marillacs, les Pibracs, les Fayes, ces martyrs de l'Etat, qui avoient plus diſſipé de Factions, par leurs bonnes & ſaines maximes, que l'or de l'Eſpagne & de l'Angleterre n'en avoient fait naître, ont été les défenſeurs de la doctrine, pour la conſervation de laquelle le Deſpote Richelieu relégua à Amboiſe le Préſident de Barillon. Richelieu a été le premier à punir les Magiſtrats, pour avoir avancé des vérités, pour leſquelles leur ſerment les obligeait d'expoſer leur propre vie.

Les Rois qui ont été ſages, & qui ont connu leurs véritables intérêts, ont rendu les Parlemens dépoſitaires de leurs Ordonnances, particuliérement pour ſe décharger d'une partie de l'envie & de la haine que l'exécution des plus ſaintes, & même des plus néceſſaires, produit quelquefois. Ils n'ont pas cru s'abaiſſer en s'y liant eux-mêmes, ſemblables à Dieu qui obéit toujours à ce qu'il a ordonné une fois.

Les Miniſtres qui ſont toujours aſſez aveuglés par leur fortune, pour ne pas ſe contenter de ce que les Ordonnances permettent, ne s'appliquent qu'à les renverſer; Richelieu, plus qu'aucun autre Miniſtre, y a travaillé avec autant d'application que d'imprudence.

Il n'y a que Dieu qui puiſſe ſubſiſter par lui ſeul; les Monarchies les mieux établies, & les Monarques les plus abſolus, ne ſe ſoutiennent que par l'aſſemblage & l'union des armes & des loix; & cet aſſemblage & cette union ſont ſi néceſſaires, que les unes ne ſe peuvent maintenir ſans les autres. Les loix, ſans le ſecours des armes, tombent dans le mépris; les armes qui ne ſont point modérées par les loix, tombent bientôt dans l'anarchie. La République Romaine ayant été anéantie par Jules-César, la puissance dévolue par la force de ses armes à ses successeurs, subsista autant de tems qu'ils purent eux-mêmes conserver l'autorité des loix; aussitôt qu'elles perdirent leur force, celle des Empereurs s'évanouït, par le moyen de ceux-même qui s'étant rendus maîtres de leurs sceaux & de leurs armes, par la faveur qu'ils avoient auprès d'eux, convertirent à leur propre substance celle de leurs maîtres, qu'ils sucerent, pour-ainsi-dire, à l'abri de ces loix anéanties.

L'Empire Romain mis à l'encan, & celui des superbes Ottomans exposé tous les jours au cordeau, nous marquent par des caracteres bien frappans, l'aveuglement de ceux qui ne font consister l'autorité que dans la force.

Mais, pourquoi chercher des exemples étrangers, où nous en avons tant de domestiques? Pepin n'employa pour détrôner les Mérovingiens, & Capet ne se servit pour déposséder les Carlovingiens, que de la même puissance que les ministres prédécesseurs de l'un & de l'autre s'étoient acquise, sous le nom de leurs Maires; & il est à observer que les Maires du Palais, & que les Comtes de Paris se placerent dans le trône des Rois, justement & également par la même voie, par laquelle ils s'étoient insinués dans leurs esprits; c'est-à-dire par l'affoiblissement & par le changement des loix de l'Etat, qui plaît toujours d'abord aux Princes peu éclairés, parce qu'ils s'imaginent y voir l'agrandissement de leur autorité;

& qui dans les ſuites ſert de prétexte aux grands, & de motif aux peuples, pour ſe ſoulever, ſe rebeller, & ébranler tous les fondemens de la terre : après quoi il ne reſte plus que la chûte des Empires.

II.

C'EST une vérité palpable : aucun peuple n'a jamais eu intention de ſe ſoumettre purement & ſimplement, & ſans aucune réſerve, à la diſcrétion d'un Roi ; mais ſeulement ſans condition & à la charge que le Roi gouverneroit ſuivant la diſpoſition, forme & teneur des Loix déja reçues.... La loi eſt un contrat ſynallagmatique, lequel ſe forme de deux pieces également eſſentielles ; ſavoir, de la propoſition qui en eſt faite de la part du Roi ou du peuple d'un côté, & de l'acceptation libre de l'autre ; d'où il ſuit que le Roi n'eſt point maître abſolu de cette loi, pour la détruire & la ruiner, quand bon lui ſemble, puiſque par le contrat, le peuple n'eſt point ſoumis à lui, qu'à condition de la conſerver & de l'entretenir en tous ſes points.

C'eſt dans ce ſens que vouloit parler le célebre Abbé Suger, quand il dit en la vie du Roi Louis Le Gros : „ qu'il eſt mal ſéant au Roi d'outre-paſ-
„ ſer la loi, vu que le Roi & la loi ont une même
„ autorité de commander : „ *Dedecet Regem*
„ *transgredi Legem, cum & Rex & Lex eam-*
„ *dem imperandi excipiant Majeſtatem*".

Tout ce que l'on peut tirer de cette regle à l'avantage du Roi, c'eſt qu'il peut faire des Loix ;

& c'eſt ce que dit Coquille en ſon inſtruction au Droit François : „ l'un des principaux droits de la „ majeſté & autorité du Roi, eſt de faire loix & „ ordonnances générales, pour la police univerſelle „ de ſon Royaume". Mais elles ne ſont proprement loix, qu'elles n'aient été reçues avec les formes. Car d'après l'auteur du principe : „ Les „ loix & ordonnances des Rois doivent être publiées & vérifiées en Parlement, ou autre Cour „ Souveraine, ſelon le ſujet de l'affaire : autrement „ les ſujets n'en ſont aucunement liés ; & quand „ la Cour ajoute à l'acte de publication, que ç'a „ été de l'exprès commandement du Roi, c'eſt „ une marque que la Cour du Parlement n'a pas „ trouvé l'Edit raiſonnable".

III.

Ce qui caractériſe le Deſpotiſme d'un Etat, eſt que les Sujets n'y ont proprement ni loix, ni droits ; par conſéquent ce qui conduit au Deſpotiſme, c'eſt-la deſtruction arbitraire des loix, & l'anéantiſſement des droits des Sujets.

Le gouvernement ſage & monarchique, au contraire, eſt eſſentiellement différent d'une telle tyrannie. Sa nature eſt d'être établi, non ſur des eſclaves incapables de tout droit, mais ſur des citoyens qui ont toujours une conſcience, à laquelle on ne peut faire aucune violence, lorſqu'elle eſt droite ; qui ont une liberté reſpectable, tant qu'elle ſe contient dans les bornes légitimes ; & une vie qui ne peut être ſacrifiée qu'au bien commun de l'Etat, ou à la rigueur des loix ; & qui outre les droits essentiels à tous, peuvent avoir encore des biens, des honneurs, des distinctions propres à ceux qui les possèdent, dont l'autorité ne peut les priver que par les loix & selon les loix.

Non-seulement un sage Souverain dans un Etat monarchique reconnoît toutes ces sortes de droits dans les citoyens, mais il ne se regarde comme établi de Dieu sur les peuples, que pour les conserver.

Rien n'est plus essentiel à un Etat monarchique, que d'avoir des loix qui fixent les droits des citoyens, & une justice qui s'arme contre tous ceux qui voudront les violer. Rien ne seroit plus contraire à un Etat de ce genre, que d'être gouverné au hazard, par la volonté toujours incertaine du Monarque, les caprices d'une maîtresse, les passions d'un Ministre.

L'Etat monarchique est essentiellement contraire au Despotisme.

Trois caracteres sont essentiels à la nature d'une sage Monarchie : 1°. qu'il y ait des loix fixes & stables : 2°. que les peuples y aient des droits essentiels, assurés & constans : 3°. que les loix de l'Etat, & les droits des citoyens, soient tellement fermes & stables, que l'autorité ne puisse en priver personne que toujours par les loix & selon les loix.

Le caractere constitutif de la Monarchie Françoise consiste, premiérement, à être celle de toutes les monarchies, où les bonnes regles du gouvernement devroient être les plus inviolables ; où les loix étant les meilleures, devroient par conséquent être les plus respectées; où les droit des sujets devroient être le plus en sûreté, où la maxime de ne faire rien que par les loix & selon les loix, de ne jamais gouverner au hasard, & par la volonté toujours incertaine du Monarque ou de ses Ministres, de n'exercer l'autorité qu'avec justice, sans acception de personne, & non pas à discrétion, devroit être plus essentiellement que dans tout autre Etat, la premiere & la plus inviolable des Loix.

Il consiste en second lieu, à la rendre celle de toutes les Monarchies, où il est plus essentiellement véritable, que le Monarque n'est établi de Dieu sur les peuples, que pour être le modele des autres Rois, que pour se montrer le meilleur & le plus sage des Rois, que pour être le pere de ses peuples, que pour n'avoir plus rien à cœur, après Dieu & la Religion, que de fixer le bonheur sur la tête de ses sujets, par l'exacte observation des meilleures loix, de l'exécution desquelles il dépend que rien ne manque à leur félicité.

IV.

Il est de fait que la plus grande, comme la plus sûre gloire d'un Prince, est de se conduire selon les regles, selon la juste mesure de l'équite & des loix; car pour bien gouverner il faut des vertus, des talens, de la valeur, de la vigilance.

Un homme sans expérience, un sauvage, un barbare, peut faire éclater ses passions brutales, suivre ses goûts, ses fantaisies, ses caprices ridicules, & se livrer à sa volonté bourrue, mettre tout sans-dessus-dessous, faire du mal & du désordre, pour satisfaire à des appétits déréglés : c'est la chose la plus aisée du monde. Un furieux ou un insensé peut être un habile tyran, & c'est à quoi les furieux & les insensés aspirent le plus.

La Bruyere dit : „ Il ne faut ni art ni science pour „ exercer la tyrannie ; & la politique qui ne consiste qu'à répandre le sang, est fort bornée, & „ de nul rafinement ; elle inspire de tuer ceux „ dont la vie est un obstacle à notre ambition ; un „ homme né cruel fait cela sans peine. C'est la „ maniere la plus grossiere, la plus horrible de se „ maintenir ou de s'agrandir ".

Il est certain qu'un mauvais cœur, & un esprit de travers avec la figure humaine, semblent être les principales qualités pour faire un tyran.

Un pouvoir illimité est généralement suivi d'une oppression illimitée ; & comme on abuse de toute autorité dont on peut abuser, il n'y a qu'un furieux, un insensé, un méchant homme, qui désire une autorité despotique ; il n'en peut recueillir d'autre fruit que le crime & la haine publique, & ses sujets autre chose que la misere, l'indigence, le pillage de leurs biens, la perte de leur liberté, & le reste.

Quelle autre marque peut-on avoir d'une ame basse, rampante ; quel plus détestable caractere & plus opposé aux fonctions & au devoir d'un pere du peuple, que de considérer ses sujets comme une possession, & non comme un dépôt, comme si des millions d'hommes avoient été créés pour la grandeur de l'un d'entr'eux, souvent le pire de toutes les créatures qui sont sous sa domination? La seule haleine de la flatterie flétrit tout, détruit ce qu'il y a de meilleur; & la vertu, non plus que la félicité, ne sauroient subsister devant elle, ou à portée de ses atteintes.

V.

„ La grandeur & souveraineté (dit un auteur „ sage & respectable) est tant desirée de tous; c'est „ pour ce que tout le bien qui y est, paraît de- „ hors, & tout son mal est au dedans: aussi com- „ mander aux autres, est chose tant belle & divi- „ ne, tant grande & difficile; pour ces mêmes „ raisons, les Princes sont estimés & réverés pres- „ que pour plus qu'hommes.

„ Cette créance est utile pour extorquer des „ peuples le respect & l'obéissance, nourrice de „ paix & de repos. Mais enfin ce sont hommes „ & faits au moule des autres, & assez souvent „ plus mal nés, & plus mal partagés de nature, „ que plusieurs du commun; il semble que les ac- „ tions, pour ce qu'elles sont d'un grand poids „ & importance, soient aussi produites par causes „ pesantes & importantes; mais il n'en est rien, „ c'est par même ressort que celle du commun.

„ La même raison qui nous fait tancer avec un „ voisin, dresse entre les Princes une guerre; celle „ qui fait fouetter un laquais, tombant en un „ Roi, fait ruiner une Province. Ils veulent aussi

„ légérement que nous, mais ils peuvent plus „ que nous : pareils appétits agitent une mouche „ & un éléphant. Au reste, outre les passions, „ défauts & conditions naturelles, qu'ils ont com- „ munes avec le moindre de ceux qui les adorent, „ ils ont encore des incommodités, des vices, que „ la grandeur & la souveraineté leur apportent, dont „ ils leur sont péculiers".

VI.

L'Histoire est appellée avec raison la sage conseillere des Princes ; qu'ils la lisent donc avec attention, ils auront de sérieuses réflexions à faire sur les événemens passés, & ces événemens sont autant d'exemples qu'ils ont à suivre ou à éviter. „ C'est-là, dit le grand Bossuet, que les plus „ grands Rois n'ont plus de rang que par leurs „ vertus, & que dégradés à jamais par les mains „ de la mort, ils viennent subir sans cour & sans „ suite, le jugement de tous les peuples & de „ tous les siecles. C'est-là que l'on découvre „ que le lustre qui vient de la flatterie, „ est superficiel ; & que les fausses couleurs ne „ tiennent pas, quelque industrieusement qu'on „ les applique. Là les Princes, les Rois, doivent „ étudier leurs devoirs".

Les préceptes s'effacent, mais les exemples entraînent ; & ce qui fait l'utilité des exemples rapportés dans l'histoire, c'est que, soit qu'ils regardent la morale, la politique, la religion, ils sont une preuve que le bien n'est pas aussi difficile à pratiquer qu'on se l'imagine ordinairement : que les grandes vertus ont presque toujours été récompensées, & les grands crimes presque toujours punis dès cette vie ; ou que si quelques Princes ont toujours été heureux & fortunés, leurs noms ont du moins été couverts d'un opprobre qui ne les transmet qu'avec honte à la postérité.

Dans la morale, la liaison est si grande des intérêts de l'Etat, avec ceux des particuliers qui le composent, que les uns influent souvent sur les autres, & que les vices & les vertus qui produisent les grandes révolutions peuvent instruire également les Princes & les sujets. Ce ne sont pas toujours les vertus des Princes qui contribuent à la prospérité d'un Etat, comme ce ne sont pas aussi leurs vices qui lui attirent toujours les plus grands malheurs : le bien & le mal des particuliers concourent à les rendre heureux ou malheureux. Un Prince cependant qui est le dépositaire & le premier Ministre des loix, doit connoître les divers ressorts qu'il doit employer, selon les occurrences, pour corriger les défauts & les vices des sujets, entretenir la concorde des peuples, & l'harmonie de l'Etat ; il doit connoître les causes des événemens, pour les appliquer aux diverses conjonctures, pour éviter les malheurs d'un regne par les défauts d'un autre, & prévenir les maux dont un Etat peut être menacé, par la considération de ceux qui sont arrivés dans un autre tems.

Ainsi Salluste opposoit les vices auxquels il attribuoit la décadence de la République Romai-

ne de son tems, aux vertus auxquelles les anciens Romains étoient redevables de leur prospérité: „ Ils se sont élevés, disoit-il, par diverses
„ choses qui nous manquent. Dans Rome on
„ les voyoit soigneux & vigilans: dans les em-
„ plois qu'ils exerçoient au dehors, ils suivoient
„ la justice & l'équité: dans les délibérations, ils
„ étoient libres de préjugés, & ne montroient
„ ni passions, ni partialité: au lieu de ces vertus
„ nous avons le luxe & l'avarice: les particulièrs
„ sont dans l'opulence, l'Etat est dans la pau-
„ vreté ".

L'Histoire apprend aux Princes à connoître les hommes, & leurs devoirs par rapport aux hommes: Les hommes sont toujours les mêmes, & cette étude par conséquent d'une utilité essentielle aux Princes.

VII.

L'Utilité de l'histoire par rapport à la morale, est la même par rapport à la politique: On y voit ce qui peut nuire, ou contribuer au bien de la société; quelle est la forme du gouvernement le plus convenable à la nature de l'homme; & dans les diverses formes établies, quels sont les défauts qui en dérangent & en alterent la constitution. L'Histoire instruit des moyens par lesquels la liberté publique se perd & se conserve; elle enseigne ce qui fait la prospérité & la ruine des Etats les plus florissans; par quels degrés un peuple libre, accoutumé à élire ses Rois, en est devenu l'esclave dans la suite;

com-

comment une Monarchie déclarée héréditaire dans la maiſon d'où a été tiré le premier Roi, s'eſt élevée peu-à-peu à une autorité ſi abſolue, qu'elle ne differe en rien du deſpotisme; par quelles voyes les Parlemens établis pour mettre des bornes à l'autorité des Rois, ont été dépouillés de ce droit, ou l'ont eux-mêmes laiſſé perdre par leur nonchalance & leur molleſſe; jusqu'où les Rois peuvent porter le droit de commander, & jusqu'où les peuples ſont obligés d'obéir; quel eſt le ſage milieu qui doit ſervir de barriere entre l'ambition des uns, & la licence des autres; enfin par quelles loix un peuple, ſans devenir rebelle, peut veiller à la conſervation de ſes droits naturels, quand il s'apperçoit que le Souverain veut les violer... Cette étude eſt par conſéquent auſſi utile aux peuples, pour qu'ils connoiſſent leurs prérogatives, leurs franchiſes, leurs droits, & qu'ils ſachent, s'ils peuvent, dans l'occaſion, les revendiquer & les arracher des mains des Princes qui les ont méchamment uſurpés.

Voilà ce qu'enſeigne l'hiſtoire: elle apprend aux Princes ce qu'ils doivent faire pour le bien-être des peuples; & aux peuples de quelle maniere ils doivent ſe comporter envers les Princes abſolus, despotes, qui veulent anéantir les loix, impoſer le joug, & faire d'une nation libre une nation d'eſclaves.

VIII.

Qu'on examine à préſent quelles ſont les cauſes qui ont fait perdre la liberté à la République Romaine, & l'on verra que ce ſont les mêmes qui ont fait perdre l'Empire aux Empereurs. Qu'on examine ce qui a fait perdre aux Rois d'Eſpagne les belles provinces des Pays-Bas, & ce qui a formé des débris de cette Monarchie la plus floriſſante de toutes les Républiques, & l'on verra que ce ſont les mêmes excès qui ont quelquefois fait renfermer des Rois de France dans des monaſteres, qui ont donné lieu à la tenue des Etats du Royaume pour le trône vacant, & qui ont fait paſſer la couronne dans une maiſon étrangere. Il eſt vrai que quelquefois ç'a été l'ambition de quelques grands qui a produit ces révolutions; mais la foibleſſe & l'inapplication des Princes, ou l'abus qu'ils faiſoient de leur pouvoir, en a toujours été la premiere cauſe: le prétexte du bien public a ſervi à élever ſur le trône ceux qui n'étoient pas en droit d'y monter; tant il eſt vrai qu'il n'y a point de forme de gouvernement, à qui certains vices ne ſoient également préjudiciables.

Que l'on conſidere la cauſe de tant de guerres, ou civiles ou étrangeres, qui ont mis tant de fois la Monarchie Françoiſe à deux doigts de ſa ruine, & l'on reconnoîtra que ce ſont les mêmes deſordres qu'on reproche aux anciens Romains; l'extrême corruption des mœurs, jointe au relâchement de la diſcipline militaire; les dépenſes prodigieuſes, énormes, de ceux qui gouvernent; la somptuosité de leurs tables, de leurs équipages, de leurs ameublemens; la magnificence de leurs palais, leur prodigalité envers leurs favoris & leurs maîtresses, la vie dissolue des ministres; l'indignité des gens de loi; la vénalité de leurs suffrages dans les délibérations publiques; leur dévouement à un chef de parti, à qui ils permettent de disposer à son gré de leur raison, de leur liberté, de leur conscience; la division entre les citoyens, qui prennent chacun leur résolution à part, & qui ne consultent que leur propre intérêt. Ainsi personne ne prenoit soin de défendre la République, & elle demeuroit exposée à quiconque la vouloit envahir.

Si la débauche, le luxe, le libertinage ruinent la liberté des Républiques, ils renversent aussi presque infailliblement les Monarchies les mieux fondées; & si le vice ou la vertu ont une si grande influence sur la ruine ou la conservation des Etats, quelle que soit la forme de leur gouvernement, la bonne politique seroit de détruire l'un & de faire régner l'autre, par une sage distribution des peines & des récompenses. Une autre leçon de politique que l'histoire confirme par mille exemples, & que pour leur propre bonheur, aussi bien que pour la félicité de leurs peuples, il seroit à souhaiter que les Rois eussent toujours devant les yeux, c'est que: „ s'ils souhaitent de conserver leur „ autorité, ils ne doivent jamais entreprendre de „ l'étendre au-delà des justes bornes, que leu „ prescrivent les loix fondamentales de leurs „ Etats".

C'eſt un principe répandu dans toute la politique d'Ariſtote que les Rois ſont des tyrans, dès qu'ils veulent s'attribuer un pouvoir qu'ils n'ont pas par les loix..... „ Il n'y a Roi ne Seigneur „ ſur la terre, *dit Commines*, qui ait pouvoir „ outre ſon domaine, de mettre un denier ſur „ ſes ſujets, ſans octroi & conſentement de ceux „ qui le doivent payer, par ſa tyrannie ou vio- „ lence".

L'hiſtoire nous apprend que, quelle que ſoit la forme du gouvernement, les Rois jurent toujours de maintenir les droits du peuple, & le peuple de défendre l'autorité des Rois, mais en tant que cette autorité eſt exercée conformément aux loix; & pour m'en tenir ici au gouvernement de France: „ l'Empire des François, dit M. de Thou, a été „ dès le commencement réglé ſur les loix, ſans „ jamais avoir été corrompu par aucun deſir de „ dominer. Comme ſans avoir un chef, les peu- „ ples ne pouvoient pas conſerver ce qu'ils „ avoient acquis par leur valeur & par leurs ar- „ mes, ils choiſirent un Roi, dans la famille du- „ quel ils puſſent avoir des gouverneurs. Ces „ Rois ne gouvernoient pas ſelon leurs caprices: „ leur pouvoir étoit bridé par les loix, auxquelles „ eux-mêmes reſpectueuſement obéiſſoient".

IX.

L'Utilité de l'hiſtoire par rapport à la Religion, c'eſt qu'elle enſeigne combien la Religion eſt néceſſaire pour le bien des Etats. Il eſt vrai que la raiſon ſeule peut ſuffire pour obliger les hommes à ſe dépouiller en quelque façon de leur liberté naturelle, & à la mettre comme en dépôt entre les mains de ceux qu'ils ont choiſis pour les gouverner. Mais ce que la néceſſité leur a fait faire, parce qu'autrement ils n'auroient pu s'aſſurer de jouir de leur vie & de leurs biens, quel autre motif, que celui de la Religion, peut les obliger à les ratifier, dès qu'il eſt tant ſoit peu contraire au deſir d'être heureux, pour lequel ils ont fait ce ſacrifice? Quel autre motif que celui de la Religion peut les engager à l'obſervation des devoirs mutuels de la Société? L'amour de la gloire, l'héroïsme, ſuffit-il pour porter les hommes à ſacrifier à la défenſe de leur patrie, cette même vie & ces biens pour la conſervation deſquels ils ſe ſont ſoumis à un Gouvernement? Il faut donc un principe plus noble, plus univerſel, plus capable d'agir ſur les ames moins ſenſibles à la belle gloire; & ce motif ne peut être que la Religion. C'eſt elle qui, par l'eſpérance qu'elle nous donne d'une autre vie, nous porte à ſacrifier à notre patrie tout ce que nous poſſédons en celle-ci: c'eſt elle qui met un frein à nos paſſions, qui empêche que la Société ne devienne un brigandage, qui fait reſpecter les loix & les jugemens, & qui fait qu'on ſe ſoumet à une condamnation quelquefois injuſte, parce qu'elle émane d'une autorité, à laquelle la Religion attache un nouveau motif de reſpect. Sans ce motif ſi néceſſaire, le peuple ſe courberoit-il ſi volontiers ſous le joug, & ſouffriroit-il d'être mené avec un ſceptre de fer? Si la Religion apprend aux ſujets à regarder le Souverain comme un pere, à lui obéir, & à lui être ſoumis, à s'intéreſſer à ſa conſervation & à ſa gloire, à faire tous leurs efforts pour ſon ſervice, & à n'épargner ni leurs biens, ni leurs perſonnes, quand il s'agit de contribuer, ſelon leurs forces, aux beſoins de l'Etat; elle apprend auſſi au Souverain à regarder leurs ſujets comme leurs enfans, à avoir pour eux les ſentimens d'un bon pere, à les ſoulager dans leur miſere, à les protéger contre les injuſtices du dedans, & à les défendre contre les ennemis du dehors, à ſe ſouvenir de cette parole de l'Ecriture, & à en remplir la ſignification: „ Les Rois des Nations.... „ en ſont appellés les bienfaiteurs, & non les „ tyrans, & non les bourreaux".

X.

Les Rois ſont comparés, & avec raiſon, à des peres de famille: cette comparaiſon eſt fondée ſur la nature & ſur l'origine même de la Royauté.

Le premier qui fut Roi, fut un ſoldat heureux,

dit un Poëte de ce ſiecle, (M. de Voltaire,) dans *Mérope*; mais c'eſt dans la bouche d'un tyran, d'un uſurpateur, du meurtrier de ſon Roi, qu'il met cette maxime indigne d'être prononcée par un

Prince équitable. Tout autre qu'un Poliphonte eut dit :

Le premier qui fut Roi, regna sur ses enfans.

Un pere étoit naturellement le chef de sa famille : la famille, en se multipliant, devint un peuple, & conséquemment le pere de famille devint un Roi. Le fils aîné se crut sans doute en droit d'hériter de son autorité, & le sceptre se perpétua ainsi dans la même maison, jusqu'à ce qu'un *soldat heureux*, ou un sujet rebelle, devint la tige premiere d'une nouvelle race.

Un Roi pouvant être comparé à un pere, on peut réciproquement comparer un pere à un Roi, & déterminer ainsi les devoirs d'un Potentat par ceux du chef de famille, & les obligations d'un pere par celles d'un Souverain.

Aimer, gouverner, récompenser & punir, voilà, je crois, tout ce qu'ont à faire un pere & un Roi.

Un pere qui n'aime point ses enfans, est un monstre; un Roi qui n'aime point ses sujets, est un tyran. Le pere & le Roi sont l'un & l'autre des images vivantes de Dieu, dont l'empire est fondé sur l'amour. La nature a fait les peres, pour l'avantage des enfans; la police a fait les Rois, pour la félicité des peuples. Ainsi que l'homme dans son enfance ignore ses véritables intérêts, & ne sauroit pourvoir lui-même à son bonheur ou à sa santé ainsi, le peuple aveugle, téméraire & turbulent, ne forme, quand il est ſans chef, que des projets vains & biſarres, n'a que des vues confuſes, ne ſait ni ce qu'il doit vouloir, ni ce qu'il doit aimer ou craindre; & quelques meſures qu'il prenne, il n'en prend jamais guere aucunes qui ne tournent à ſa ruine. Il faut donc néceſſairement un chef, dans une famille & dans un Etat, comme il faut au faîte d'une voûte une pierre principale qui, dominant ſur les autres, termine le ceintre & en affermiſſe l'aſſemblage. Mais ſi le chef eſt indifférent pour les membres, ce qui ne peut venir que d'un amour exceſſif pour lui-même, il rapportera tout à lui; leur avantage ſera toujours ſacrifié au ſien par leurs travaux, par leurs ſueurs, il accroîtra leur opulence, pour ſatisfaire ſes plaiſirs, ſes caprices: pour aſſurer ſon despotisme, il les tiendra dans l'eſclavage; & ils ne feront à ſes yeux que des inſtrumens faits pour ſervir à ſes goûts & à ſes voluptés.

Quand, au contraire, ce ſont la bienveillance & l'amour qui reglent les volontés du chef & dictent ſes ordonnances; il ſe fait entre lui & les membres une circulation libre & volontaire, qui porte à tous également la ſanté, la vigueur, l'embonpoint; tout alors concourt avec zele au bien commun du corps entier. Le chef lui-même y trouve un ſolide avantage. Traiter avec bonté, ou ſa famille, ou ſes ſujets, c'eſt pourvoir à ſon intérêt propre: quoique ſiege de la vie & du ſentiment, la tête eſt toujours mal aſſiſe ſur un tronc maigre & décharné.

Même parité entre le gouvernement d'un Etat, & celui d'une famille. Le maître qui régit l'un ou l'autre, a deux objets à remplir : l'un, d'y faire regner les mœurs, la vertu & la piété; l'autre, d'en écarter le trouble, les désastres, l'indigence. C'est l'amour de l'ordre qui le doit conduire, & non pas cette fureur de dominer qui se plaît à pousser à bout la docilité la mieux éprouvée.

Le pouvoir de récompenser & de punir, est le nerf du gouvernement. Dieu lui-même ne commande rien, sans effrayer par des menaces, & inviter par des promesses. Tout Législateur en doit faire autant; mais il seroit dur & injuste de ne faire que menacer les rebelles, sans encourager, en même tems, les sujets dociles, par des promesses engageantes.

Les deux mobiles du cœur humain sont l'espoir & la crainte. Peres & Rois, vous avez dans vos mains tout ce qu'il faut pour toucher ces deux passions. Mais songez que l'exacte justice est aussi soigneuse de récompenser, qu'elle est attentive à punir. Dieu vous a établis sur la terre pour être ses substituts & ses représentans ; mais ce n'est pas uniquement pour y tonner, c'est aussi pour y répandre des pluies & des rosées bienfaisantes.

XI.

„ Ayez grand soin du peuple, dit le célebre „ Erasme, dans son *Institution d'un Prince*, & „ surtout en commandant mettez-vous en peine „ de vous faire aimer de vos sujets, comme un „ pere de ses enfans. Ne faites point de loix „ qui ne soient justes & utiles au public, qu'elles

„ ne se contredisent point, qu'elles n'engendrent „ point de procès, & qu'elles puissent terminer „ en peu de tems ceux qui sont nés ".

„ Ne vous persuadez pas que ceux-là vous sont „ les plus fideles qui louent toutes vos actions „ & vos paroles; mais ceux qui vous reprennent, „ quand vous avez failli. Permettez aux sages „ de vous parler librement, afin que si vous dou„ tez de quelque chose, vous ayez avec qui vous „ puissiez vous éclaircir. Faites distinction de „ ceux qui vous flattent avec artifice, d'avec ceux „ qui vous honorent avec amour, de crainte que „ la condition des méchans ne soit plus avanta„ tageuse que celle des bons".

Il est certain qu'un bon Prince ne devroit point être porté d'un autre esprit envers les peuples, qu'un bon pere de famille envers ses enfans; car, qu'est-ce autre chose qu'un Royaume, sinon une grande famille? Qu'est-ce qu'un Roi, sinon un pere de plusieurs enfans? Il excelle à la vérité sur les autres hommes, mais il est de même genre qu'eux. C'est un homme libre qui commande à des hommes, c'est un homme libre qui commande à des hommes libres, & non à des bêtes, comme dit fort bien Aristote.

„ Je demanderois volontiers d'un Prince, a dit „ le même Erasme, d'un Prince qui n'a point „ d'autre pensée que de tirer beaucoup d'argent „ de ses peuples, que d'attraper le plus de de„ niers qu'il peut par crédit, que de vendre beau„ coup de dignités & d'offices, si celui-là doit

„ être appellé Prince ou marchand, ou plutôt „ voleur"?

Homere assure qu'un Prince ne peut jamais avoir le loisir de penser à lui, mais à ses sujets; & toutefois, par un renversement de systême, il y en a à présent qui ne s'étudient à autre chose qu'à chercher tous les jours des divertissemens nouveaux, à quoi ils passent la plus grande partie de la vie, comme s'ils n'avoient autre chose à faire. Un bon pere de famille ne manque jamais d'occupations dans sa maison; & un Prince ne trouve rien à faire pour le bien-être de ses sujets, dans l'étendue d'une vaste domination! Les Rois communément ne voient & n'entendent que par les yeux & les oreilles d'autrui: la raison, c'est qu'ils sont totalement adonnés à leurs plaisirs; d'où il arrive que tous ceux qui s'approchent de leurs personnes, sans en excepter un seul, étant ou flatteurs, ou médisans, ou d'une prudence intéressée, ils ne savent jamais la vérité ni le véritable état des affaires. Aussi, quelque bon que soit le naturel des Rois, il est toujours infructueux pour les peuples, qui restent sans soulagement. Leurs inclinations ont beau pencher du côté du bien-être de leurs sujets, elles sont toujours perverties par la malice de leurs favoris, courtisans & ministres, qui prenant trop d'ascendant sur l'esprit de leurs maîtres, leur crevent, pour ainsi dire, les yeux, & leur faisant accroire que le mal est bien, leur font ordonner, sous des prétextes spécieux pour leurs grandeurs & intérêts particuliers, beaucoup de violences & d'injustices, dont les peuples sont malheureusement accablés. Un Roi s'imagine, & les fades courtisans qui sont ses plus grands ennemis, lui font entendre, qu'il n'est fait que pour lui, & pour vivre à son aise dans le repos, dans les délices & l'idolâtrie d'une impudique Messaline: de-là tant de caprices, de travers, d'ordres injustes & bisarres, & de-là le malheur & l'indigence des peuples.

XII.

Qu'un Prince juge lui-même qui peut l'instruire le mieux, ou le flatteur, la peste des cours, ou les loix. Les flatteurs les plus vils, sont tous ceux qui disent à un Prince qu'il peut renverser, détruire les loix. Qu'il juge de ce qui peut le conduire avec plus de vraisemblance à la justice & lui procurer l'amour des peuples, qui lui peut acquérir plus d'hommages, plus de tranquillité pendant sa vie, & plus d'éloges après la mort.

Qu'un Prince décide en lui-même, s'il aime mieux être un *Néron*, gouverné par ses parasites & ses convoitises, détesté & abhorré comme un tyran, condamné à être l'horreur du genre humain dans tous les siecles; ou un *Titus*, qui faisant de la justice & des loix les fondemens de son administration, fut appellé les *délices du monde*, pendant son regne, & a été jugé digne de conserver ce titre aimable pendant tous les siecles qui se sont écoulés depuis. Le nom d'un Prince est couvert de gloire ou d'ignominie, à proportion de l'excellence ou de la méchanceté de son regne.

Quoi de plus délicieux pour un Prince que d'être assuré qu'il sera adoré après sa mort! Quoi de plus triste, de plus déplorable que de prévoir que sa personne sera abhorrée, ou que sa mémoire tombera à jamais dans le mépris!

Il est indubitable que les loix sont pour les Princes, les meilleurs guides & la plus sûre garde qu'ils puissent avoir. Tout le monde les flatte, & personne ne leur dit la vérité. Qu'ils aient donc recours, pour s'instruire, aux loix, sages conseillers, qui ne sauroient ni les flatter, ni les tromper, comme les courtisans en sont capables. Les imposteurs leur crient: „ *qu'ils peuvent faire* „ *ce qu'ils veulent*", & ils savent appuyer ce mensonge horrible par un autre également impie, qui est que „ c'est l'ordre de Dieu".... Les loix lui diront „ que tout ce qu'il fait, doit être „ pour le bien & la félicité des peuples; qu'il n'a „ aucun droit de leur faire du mal, qu'il n'a de „ pouvoir que celui qui lui a été donné, limité „ par des réglemens, composés par la sagesse des „ hommes, pour leur sûreté & la sienne; que „ c'est pour leur tranquillité, & non pour son or„ gueil & son indolence, qu'il est établi au des„ sus d'eux. S'il rompt ses liens, s'il viole le dé„ pôt qui lui a été confié, il se rend l'ennemi des „ hommes, & celui de Dieu, dont il ne doit „ plus attendre de faveur, parce que devant „ Dieu, pere commun des hommes, & qui ne „ fait acception de personne, nul n'est ni haut, „ ni bas, qu'à proportion de sa sainteté, ou de son

„ impiété ; & celui qui fait tort aux hommes, & „ qui les trahit, est manifestement le plus méchant, „ le plus scélérat de tous".

XIII.

Qu'un Prince soit revêtu d'un pouvoir sans bornes tant qu'on voudra, le but en est, ou doit être, le bien de la Nation. Le Prince ne pouvant avoir l'autorité d'être méchant ou cruel, le pouvoir de détruire n'est pas donné, mais usurpé, & l'usurpation ne donne aucun droit. Les fantaisies, les volontés déréglées d'un homme, ne peuvent être le fondement d'une autorité réglée, d'un pouvoir légal.

Et sur quoi les Princes fondent-ils leur droit à la suprême autorité? Ce n'est pas sur leur volonté pure : car conséquemment tout homme qui a la force en mains, auroit droit à l'autorité, auroit droit de faire tout ce que lui inspire sa force brutale.

Si le bien public est le fondement général des loix, les loix sont la regle & les limites du Souverain. Les Princes à qui tous les hommes sont, ou devroient être soumis, sont ceux qui sont chargés de l'exécution des loix, & du soin de la conservation de tous les hommes. Si les loix sont pour la sûreté de l'Etat, pourquoi le Prince ne les observeroit-il pas, lui à qui la garde de l'Etat est confiée? Les Empereurs Romains dans leurs actions tyranniques mêmes prétendoient observer les loix; & c'étoit ſous le nom de quelque loi, qu'ils commettoient la plus grande partie de leurs cruautés: ils n'oſoient pas violer les loix ouvertement. Ainſi *Claude* fit ſcrupule d'épouſer *Agrippine*, n'y ayant point de loi qui autoriſât le mariage de l'oncle avec la niece; il n'oſa pas accomplir ce mariage, jusqu'au décret du Sénat qui fut expédié pour cet effet. C'eſt ainſi que le barbare Néron même ſe comporta, en exterminant quelques perſonnes de la premiere diſtinction: il les fit inhumainement maſſacrer, en employant les formalités & en dériſion de la loi.

Henri IV, Roi de France, diſoit ſouvent: „que „ pour regner comme il faut, il n'eſt pas à pro„ pos de faire tout ce qu'on peut". C'eſt une maxime digne du bon ſens & de la magnanimité de ce bon Prince, qui ſera à jamais cher aux François. Il faiſoit ce qu'il diſoit: il écoutoit toujours avec beaucoup de patience les Remontrances de ſes ſujets ou des Parlemens; il n'avoit pas la mauvaiſe honte de changer de ſentiment & de céder quelques points de ſes prérogatives; il n'aimoit point à entendre les flatteurs exalter ſa puiſſance & ſon autorité, ou montrer trop d'attachement pour les privileges de la Royauté; il avoit du dégoût pour les louanges de ceux qui n'en méritoient aucune, ne ſouffroit point que les provinces fuſſent foulées pour enrichir quelques particuliers, ni que des gouverneurs avides & mercénaires ſuçaſſent la ſubſtance des peuples. Il reconnoiſſoit avec raiſon qu'il ne différoit en rien de ſes ſujets, n'ayant que deux yeux & deux pieds, non plus qu'eux. Il dit à une aſſemblée de la Nobleſſe de la Province de Normandie à Rouen, qu'il les avoit appellés, non pour leur impoſer une obéiſſance aveugle à ſes volontés & à ſon bon plaiſir, mais pour recevoir leurs avis, pour y mettre ſa confiance & les ſuivre. Voilà le langage d'un homme plein de ſens & d'honneur.

XIV.

Un Prince, à proprement parler, eſt dans un État ce que le cœur eſt à l'égard de toutes les parties du corps. Si le cœur eſt malade, tout le corps s'en reſſent incontinent; de même s'il y a quelque partie du corps qui le ſoit, le cœur en ſouffre à l'heure même. Il faut donc pour établir une ſanté parfaite, que le cœur & toutes les parties ſoient d'accord enſemble, & qu'ils faſſent ſi bien leurs fonctions, qu'ils s'entr'aident mutuellement.... Il en eſt de même d'un Prince & de ſon Etat; il faut qu'il y ait une harmonie parfaite entre lui & ſes ſujets, & il eſt le mobile de toutes leurs actions, comme le cœur l'eſt de toutes les parties du corps: il faut auſſi qu'il reçoive du ſecours d'eux, & c'eſt bien raiſonnable, pour faire fleurir, comme il convient, ſon autorité, & pour conſerver le repos, comme le cœur a beſoin du ſecours des parties qui lui répondent pour ſe maintenir dans un état vigoureux & tel qu'il doit être pour les faire jouir de la même vigueur.

Si cette vérité eſt inconteſtable, comme il n'en faut pas douter, c'eſt à un Prince à faire réuſſir cette harmonie qui dépend uniquement de lui, puisque les peuples ne lui désobéiront jamais, tant qu'il établira son regne sur la justice. Or, le moyen d'être juste, c'est de les aimer, de les maintenir chacun dans son droit, & ne pas souffrir que le fort opprime le foible.

Le devoir d'un Prince n'est autre que de se conformer aux loix; d'obliger les autres à s'y conformer; de veiller pour le bonheur public, de consulter le bien du corps de la nation & des particuliers; de prévenir l'oppression, & de la punir; de favoriser les progrès de la vertu, & de la récompenser; de se considérer comme destiné à protéger les peuples, & non pas de regarder les peuples comme faits pour son plaisir; parce que là où les sujets ne recueillent aucun avantage, il ne sauroit non plus recueillir aucune gloire; de fortifier l'observation des loix par son propre exemple, comme par ses décisions; & par un soin fidele & attentif de ses peuples, d'en mériter l'affection & la fidélité.... „ *Omnia invisere, omnia audire,* „ *&* *undecumque invocatum statim velut numen* „ *adesse & assistere.*

C'est ainsi qu'il doit se rendre semblable à la Divinité, dont il ne sauroit être l'image qu'en faisant des actes de bienfaisance & de piété. Ce n'est pas assez qu'il fasse des choses innocentes, qu'il s'abstienne de ce qu'il y a de mauvais & de bas; il ne doit rien faire qui ne soit vertueux, honnête, élevé & animé du bien public. Celui qui représente le Tout-puissant, qui est le conservateur des loix & de la vie des hommes, doit être juste, obſerver les loix, & tâcher de reſſembler à ſon Créateur, à ſon Souverain. Comment peut-il & oſe-t-il faire du tort, moleſter ſes ſujets, ou négliger ceux pour l'amour de qui il eſt ce qu'il eſt? „ Celui qui eſt au deſſus de tous, devroit être meilleur que tous"…. C'étoit la maxime noble & ſage de Cyrus. „ Un Roi en tant que „ Roi n'a rien proprement ſien : il ſe doit ſoi- „ même à autrui. La Jurisdiction ne ſe donne „ point en faveur du Jurisdiciant; c'eſt en faveur „ du Jurisdictié"…. Ce ſont les termes de Montaigne. Il ajoute qu'un Souverain eſt établi, non pas pour ſon propre avantage, mais pour celui de ſes ſujets, comme un médecin eſt établi pour les malades, & non pour lui-même.

Un tel Prince, dont le but & l'ambition eſt le bien-être de ſes peuples, comme c'eſt véritablement ſon affaire, ne ſouhaite point le pouvoir de leur nuire; il n'en veut point, non plus, dont les miniſtres ou les ſucceſſeurs puiſſent abuſer au préjudice de ſes ſujets. Quoiqu'un Prince ſage & juſte ne faſſe un mauvais uſage d'aucune autorité, il n'en ambitionne point qui ſoit ſans bornes, parce que celle que les bons Princes ont eue, leurs ſucceſſeurs mauvais la réclament. Ainſi les bons Princes ſe contentent d'un pouvoir limité, de peur que les mauvais n'en aient un exceſſif à l'avenir. Ils portent leurs vues au-delà de leurs regnes, & prennent des meſures pour faire que leurs ſujets ſoient heureux après leur mort. Cette conſidération aggrave terriblement le crime de l'uſurpation & du renverſement des loix d'un Pays, quoique celui qui le commet, ait de bonnes qualités & que peut-être il souhaite le bien public; cependant ceux qui peuvent venir après lui, peuvent être des imbécilles, des insensés, ou des furieux & des animaux ravissans.

XV.

On ne sauroit trop répéter aux Rois ces vérités d'après M. Bossuet: „ Ils commandent à des hommes libres, & non à des esclaves; & si les Princes ne peuvent jamais être sujets aux peines des loix, ils n'en sont pas moins soumis de droit aux loix". Ils ne peuvent donc pas contre le vœu de leurs peuples établir de nouvelles loix, ou renverser les anciennes. Il faut que leurs sujets y consentent; & alors ils ne jugeront pas, car ils ne condamneront ni n'absoudront; ils ne disposeront d'aucun patrimoine, si ce n'est peut-être de leur propre, quand il est question d'impôts. Mais, au lieu de juger, ils consentiront à la nouvelle loi, s'ils en sentent la justice & l'équité & qu'elle ne contredise point les anciennes, ou bien ils refuseront avec respect leur suffrage, & démontreront toutes les raisons de ce refus.

Insistera-t-on encore en disant, lorsqu'il est question d'arbitrer, si telle loi est juste ou non, si telle entreprise sous le nom du Roi est le cas d'une exception légitime à la regle, ou une véritable infraction, alors il n'est point d'arbitraire entre le Roi & la Nation, le Roi n'a plus de ressource, & il perdra toujours sa cause?

Non, il la gagnera ; car c'eſt la gagner pour un Prince, que de voir toujours dans ſa vigueur la conſtitution de l'Etat, le plus ferme ſoutien de ſon trône. Mais diſons plutôt qu'il n'y a jamais de cauſe véritable entre le Roi & ſes ſujets. La patrie les préſume toujours unis, & ne faiſant qu'une ſeule volonté. Ainſi en pareille occaſion, l'opinion d'un Prince n'aura pas entraîné ſa nation, & voilà tout. Il s'agiſſoit d'une loi nouvelle ou de changer l'ancien ordre de l'Etat, un peuple libre s'eſt refuſé à ce changement; mais après cela le chef de l'Etat n'a-t-il pas, comme auparavant, ſes prérogatives? Ne trouve-t-il pas en tout ce qui eſt d'adminiſtration, ce pouvoir prompt & arbitraire, dans des bornes que la conſtitution de la Monarchie Françoiſe a bien plus reculées qu'en Angleterre ; parce qu'un pouvoir auſſi étendu n'eſt pas moins ſalutaire aux François, rélativement à leur génie, que l'eſt au Prince la néceſſité du concours libre de ſes ſujets, pour élever au rang des loix, les volontés juſtes & équitables, & concertées dans un conſeil privé, & quelquefois entre un miniſtre ſeul & ſon maître.

Toutes les loix ſe tiennent & ſe concentrent dans une même fin, le bonheur d'une nation. Tel eſt le but de la Légiſlation de chaque Etat. C'eſt pour y parvenir ſelon leur génie que les François ont voulu par deſſus tout aſſurer par leurs loix : 1o. la Souveraine autorité de leur Roi dans l'adminiſtation légale de l'Etat, & la fortune de ce même Souverain garantie par la ſucceſſion agnatique, & par l'inaliénabilité de ſon domaine : 2o. la liberté légitime des ſujets; ce qui comprend la ſûreté de leurs propriétés & revenus, auſſi-bien que celle de leur honneur & de leur vie. Mais qui peut disconvenir que tous les objets protégés par les loix, ne ſont jamais plus expoſés que ſous des gouvernemens foibles? Le propre d'une minorité ou d'un gouvernement foible eſt, que le miniſtere toujours en danger d'une chûte prochaine, par la fatalité d'un terme qui s'avance, ou par l'inſtabilité du maître, fait tout ce qui eſt en lui, ſoit pour s'enrichir, ſoit pour s'acquérir de nouvelles créatures qui l'aident à perpétuer ſa puiſſance. Or, les miniſtres ou un regent ne peuvent remplir l'un ou l'autre de ces points de vue, qu'en ſurchargeant le peuple, en opprimant pluſieurs citoyens, & en violant à chaque inſtant différentes ſortes de loix; car toutes les loix ont concouru à tracer un cercle autour du Souverain; & ceux qui diſpoſent de ſon pouvoir, n'abuſeront jamais pour eux de ce pouvoir, ſans ſortir de ce cercle ſuffiſant pour remplir les deſirs d'un Roi modéré, mais inſuffiſant pour tourner à l'avidité des miniſtres & de leurs créatures.

Ce n'eſt pas aſſez pour un Prince de ſoulager la miſere de quelques particuliers: un particulier en peut ſoulager, & même enrichir beaucoup d'autres, auſſi bien que lui, comme il ſe voit tous les jours dans ſes créatures, qui ſont ſes favoris; mais quand il arrive quelque disgrace publique, quelque peſte, quelque famine, quelque embraſement de ville, c'eſt alors qu'il y a lieu de diſtinguer ſon pouvoir & de montrer ſa bienfaiſance ſur le pouvoir & la bienfaisance de ses plus riches sujets: c'est dans de pareilles occurrences qu'il peut devenir le Roi de tous les cœurs. Alors il n'a plus de rival, ni de compétiteur, qui puisse l'égaler en bienfaits, où consiste le plus grand avantage des Rois, disoit un Lacédémonien.

Tibere savoit bien profiter de ces occasions: quand un tremblement de terre renversa douze des principales villes de l'Asie, il les déchargea pour cinq ans de tous les impôts qu'elles payoient, & donna même à quelques-unes, qui avoient été plus endommagées que les autres, de grosses sommes de deniers. Ce qui porta, dit un auteur, sa renommée par tous les coins de la terre.

XVI.

Les Rois, dont l'esprit est foible & le cœur corrompu, qui sont aveuglés par les préjugés, enflammés par les passions, & dominés par l'amour-propre & la présomption, s'imaginent & se conduisent de façon à faire croire à plusieurs de leurs sujets, que le Roi & la nation sont des puissances rivales, dont les intérêts ne sont pas les mêmes, & dont par conséquent les vues doivent être différentes. Ils regardent les droits & les privileges de la nation, comme des usurpations sur les droits & les prérogatives de la couronne; & les regles & les loix faites pour la sûreté de leurs sujets, comme des bornes à leur dignité & à leur pouvoir.

Un bon Prince, juſte & équitable, en jugera autrement ; il conſidérera la conſtitution de l'Etat, comme une loi composée de deux tables, contenant les regles de ſon gouvernement, & la meſure de l'obéiſſance de ſes ſujets ; ou comme un ſyſtême composé de différentes parties, ſagement proportionnées les unes aux autres, & concourant par leur harmonie à la perfection du tout. Il fera cette ſeule diſtinction entre ſes droits & ceux de ſon peuple. Il ſentira que ſon droit ſe borne à ce qui lui eſt confié par la conſtitution de ſon Etat : en un mot, il reſpectera la conſtitution de l'Etat comme la loi de Dieu & de l'homme, dont la force le lie autant que ſes moindres ſujets, & dont la raiſon l'enchaîne encore plus qu'eux.

Les Princes qui veulent ſuivre leur deſtination, & entrer dans les deſſeins de Dieu, doivent donc s'appliquer, non à faire regner leur propre volonté, mais à faire regner les loix, la vérité, la justice, qui ont pour regle & pour principe la raiſon de Dieu-même & ſa volonté éternelle. S'ils ſont ſenſibles à leurs véritables intérêts, ils formeront leur conduite ſur ce plan, qui n'eſt pas moins conforme à la bonne politique qu'à la Religion. En effet, comme un Prince ne ſauroit établir ſa puiſſance & ſon autorité, ſi d'une part, il ne ſe fait aimer de ſes ſujets, & de l'autre redouter de ſes ennemis ; il faut néceſſairement avouer que la juſtice & la vérité, qui ſeules peuvent lui procurer ces deux avantages, ſont les plus fermes appuis du trône des Rois.

Ce n'eſt pas la nobleſſe de l'extraction qui fait un grand Prince. *Caligula*, *Claudius*, *Neron*, qui étoient de race illuſtre, furent l'opprobre de l'Empire & de toute la terre, & la honte éternelle de la famille des Céſars. Ce n'eſt pas non plus la longue étendue des Etats; au contraire, c'eſt un fardeau peſant, qui ne ſert qu'à montrer la foibleſſe du Prince, & par conſéquent le rendre mépriſable, quand il n'eſt pas capable de gouverner; témoin *Galba*, qui étant devenu Empereur perdit par ſon inſuffiſance toute la réputation qu'il avoit acquiſe, tandis qu'il n'étoit que gouverneur de province.

Un Prince n'eſt jamais grand Prince, ſi la grandeur de ſon mérite ne va de pair avec celle de ſa fortune: „ Les hiſtoriens, dit Machiavel, louoient „ davantage Hiéron de Syracuſe, lorſqu'il n'étoit „ encore qu'homme privé, que Perſée, tandis qu'il „ étoit Roi de Macédoine, parcequ'il ne man„ quoit rien qu'une principauté à Hiéron pour „ être Prince; au lieu que l'autre n'avoit rien „ d'un Roi que ſon Royaume". Témoignage frappant que ce n'eſt ni la naiſſance Royale, ni la Royauté même, que la poſtérité conſidere dans un Prince, l'un & l'autre ne méritant point ſon eſtime, (*nec ultra æſtimatur;*) mais la ſeule maniere dont il s'eſt acquitté d'un ſi haut & ſi difficile emploi. Et c'eſt en ce ſens que Tibere diſoit, qu'il prioit les dieux de lui donner jusqu'à la fin de ſa vie un eſprit tranquille, & toute l'intelligence néceſſaire du droit divin & humain, afin qu'après sa mort, son nom & ses actions fussent honorées du souvenir & de l'approbation de tous les peuples & de tous les siecles. Tibere disoit encore qu'il se tiendroit bien glorieux, si la postérité lui faisoit la justice de le reconnoître pour un Prince digne de ses ancêtres, vigilant, constant dans les dangers, & zelé pour l'intérêt public, jusqu'à mépriser l'envie & la haine; pour apprendre à ceux qui sont nés Princes que leur ambition doit être de se montrer dignes d'être nés tels, en faisant des actions dignes de la mémoire de tous les hommes. C'est ce qu'*Octave* montra excellemment, lorsque sa mere & son beau-pere le dissuadant de se porter pour héritier de Jules-César, son grand-oncle maternel, il rejetta leur conseil, disant qu'il lui seroit honteux de se croire lui-même indigne d'une fortune dont il avoit paru digne à César, à qui d'ailleurs il aimoit mieux s'en rapporter, qu'à ceux qui ne connoissoient pas son courage.

XVII.

Les Princes ne sauroient tout faire par eux-mêmes, & sont obligés par conséquent de nommer des gens pour agir en leur nom, gens qui les avertissent de ce qu'il faut qu'ils sachent: ce sont leurs ministres & leurs conseillers. Qu'ils sachent donc que c'est d'un choix prudent ou inconsidéré que dépendent le crédit, la tranquillité, le deshonneur ou le danger du Souverain, de même que le salut ou la misere des sujets. Les Princes sages choisissent ceux qui leur ressemblent: il en eſt de même de ceux qui ſont foibles ou vicieux. Néron avoit pour favori un *Tigellin*, la Reine Eliſabeth un *Walſingham*, Trajan un *Pline*, Henri IV un *Sully*, Louis XIII un *Richelieu*, Louis XIV un *Louvois*, Louis XV un *Maupeou*, Louis XVI un *Turgot*.

Il n'y a pas de meilleur appui d'un regne juste, que des Miniſtres équitables, autour de la perſonne regnante. A la vérité ſi un Prince a pour but le renverſement des loix fondamentales, & qu'il veuille leur ſubſtituer un pouvoir arbitraire, il trouvera des inſtrumens propres à cet indigne ouvrage, des créatures baſſes, rampantes, dévouées à la pure volonté, aux dures fantaiſies, aux purs caprices d'un Prince dont la fortune & le conſeil ſont également déſeſperés, craints ou mépriſés, intéreſſés, entreprenans, & téméraires, tels enfin qu'ils lui complaîront en tout, & qu'ils dépendront entiérement de lui.

Mais un Prince qui s'applique au bien public, goûtera ceux qu'il verra animés de l'amour du public. Connus par l'inclination qu'ils ont pour la patrie & ſes loix, ils ne déplaîront jamais à celui dont le but eſt la conſervation de l'une & des autres. L'iniquité de ceux qui tiennent le premier rang dans un Etat, particuliérement des Rois & des Miniſtres, ne conſiſte pas ſeulement dans les crimes qu'ils commettent & dans leurs conſéquences immédiates : leurs crimes ne doivent pas être meſurés par les maux actuels : ils pechent contre la poſtérité, auſſi bien que contre leur ſiecle ; &

quand les conséquences de leurs crimes cessent, celles de leurs exemples subsistent encore.

Princes! ne vous laissez pas éblouir par certains hommes vains, présomptueux, hardis, & qui ont l'art de se faire valoir; pendant que vous negligez & laissez loin de vous le mérite simple, modeste, timide & caché. Un Prince montre la grossiéreté de son goût, lorsqu'il ne sait pas distinguer, combien ces esprits hardis, téméraires & qui ont l'art d'en imposer, sont superficiels & pleins de défauts méprisables. Un Prince sage, pénétrant, n'estime ni les esprits évaporés, ni les grands parleurs, ni ceux qui décident d'un ton de confiance, ni les critiques dédaigneux, ni les moqueurs qui tournent tout en plaisanterie: il méprise ceux qui trouvent tout facile, qui applaudissent à tout ce qu'il veut, qui ne consultent que les yeux ou le ton de sa voix, pour deviner sa pensée & pour l'approuver: il chasse loin des emplois de confiance, ces hommes qui n'ont que des dehors sans fonds. Au contraire, il cherche, il prévient, il attire à soi les personnes judicieuses & solides, qui n'ont aucun empressement, qui se défient d'elles-mêmes, qui craignent les emplois, qui promettent peu, & qui tâchent de faire beaucoup, qui ne parlent gueres & qui pensent toujours, qui parlent d'un ton circonspect, même douteux, & qui savent contredire avec respect.

De tels sujets demeurent souvent obscurs dans les places inférieures, pendant que les premieres sont occupées par des hommes grossiers & hardis, qui en ont imposé au Prince, & qui ne servent qu'à montrer, combien il manque de discernement. Tandis que les Princes négligeront de chercher le mérite caché, & de réprimer les gens empressés & dépourvus de qualités solides, ils seront responsables devant Dieu de toutes les fautes qui seront faites par ceux qui agiront sous leur autorité.

Le métier d'un adroit courtisan perd tout dans un Etat Les esprits les plus bornés & les cœurs les plus corrompus sont ceux qui apprennent le mieux cet indigne métier. Ce métier gâte tous les autres: le Médecin néglige la médecine; le Prélat, le Prêtre, oublient les devoirs de leur ministere; le Général d'Armée songe bien plus à faire sa cour qu'à défendre l'Etat; l'Ambassadeur négocie bien plus pour ses propres intérêts à la cour de son maître, qu'il ne négocie pour les intérêts de son maître à la cour où il est envoyé. L'art de faire la cour gâte les hommes de toutes les professions, & étouffe le mérite.

Princes! rabaissez ces hommes dont tout le talent ne consiste qu'à plaire, qu'à flatter, qu' éblouir, qu'à s'insinuer pour faire fortune. Si vous y manquez, vous remplirez indignement vos places, & le vrai mérite demeurera toujours en arriere. Votre devoir est de reculer ceux qui s'avancent trop, & d'avancer ceux qui demeurent reculés en faisant leur devoir.

XVIII.

Un Prince devroit apporter autant de soin dans le choix de ses favoris que dans celui de ses ministres: s'il confie à ceux-ci les affaires de l'Etat, il confie son caractere, ses inclinations aux autres; & ses passions dépendront d'eux, beaucoup plus qu'on ne le pense communément. L'expérience générale conduit les hommes à juger, que c'est la ressemblance du caractere & des inclinations qui détermine le choix, même lorsque le hazard, trop de complaisance pour les assiduités, un bon naturel, ou le manque de réflexions sont les motifs qui ont introduit auprès du Prince, des gens d'un caractere bas, indigne de sa faveur. S'il prend dans sa plus étroite intimité des créatures frivoles ou rampantes, sans honneur & sans foi, il montre une disposition à leur ressembler, & il leur ressemblera sûrement, à moins qu'il ne rompe ses habitudes, avant que ses amusemens puérils ne deviennent l'affaire principale de sa vie. L'esprit des Princes, comme celui des autres hommes, prend insensiblement le ton & les passions des gens qu'ils fréquentent.

Une conséquence plus fâcheuse encore suit nécessairement du peu de discernement des Princes dans le choix de leurs favoris, & de leur peu d'attention sur leur conduite dans leur vie privée. Des Rois foibles se sont abandonnés à leurs Ministres, ont permis qu'ils demeurassent entr'eux & leur peuple, & n'ont formé aucun jugement ni pris aucune mesure d'après leurs propres connoissances, se sont toujours soumis aveuglement aux représentations qui leur ont été faites, par ceux à qui ils avoient cédé les rênes du gouvernement: des Rois d'une capacité supérieure se sont pareillement abandonnés à leurs maîtresses & à leurs favoris; ils ont souffert qu'ils demeurassent entr'eux & leurs ministres. Leurs jugemens ont été suggérés, & leurs mesures dirigées par les insinuations des femmes, ou par des gens qui par leur caractere, leurs principes, leurs sentimens, méritoient, ainsi qu'elles, d'être rejettés dans les grandes affaires.

L'histoire est remplie de tels exemples, tous tristes, plusieurs tragiques, & qui devroient bien suffire pour porter les Princes, s'ils y faisoient attention, à empêcher que les instrumens de leurs plaisirs, de leurs voluptés, & les compagnons de leurs débauches, passassent les bornes de leurs emplois.

Faut-il qu'un Roi aye tant d'intérêt d'entendre la vérité, & qu'on craigne de la lui dire! En vain regarde-t-il comme un malheur nécessairement attaché à la condition des Rois, de ne pas faire le bien qu'il souhaite, de faire le mal par surprise. La vérité si difficile à connoître, & si nécessaire à la justice, parviendroit sûrement jusqu'à lui, s'il s'appliquoit, comme il doit, à la chercher, & s'il l'aimoit autant que la flatterie.

Si un Prince se donnoit autant de soins pour connoître ceux qui l'approchent, qu'ils en prennent pour découvrir ses foiblesses; si entouré des esclaves de ses voluptés, de ses caprices, il ne dédaignoit pas d'avoir de véritables amis, il en trouveroit sans doute qui l'aimeroient jusqu'à oser le contredire, qui l'aimeroient mieux qu'il ne s'aime lui-même, & plus qu'ils ne s'aiment eux-mêmes.

Il ne les trouvera pas ces amis généreux, parmi ceux dont il fait la fortune, qui tâchent par de fades complaisances, par un empressement forcé, par un zele affecté, de faire tomber sur eux les récompenses que d'autres ont méritées.

Que les Rois sont à plaindre! eux qui, presque en possession d'être regardés comme des Dieux, sont si tentés d'oublier qu'ils sont hommes; eux, dont le rang déjà si séduisant par lui-même, convertit presqu'en séducteurs tous ceux qui les approchent. Je vois cette nation impie & cruelle accourir de toutes parts, & se rassembler en foule autour de leur trône. Que le Prince considere & leur nombre, & les efforts qu'ils feront pour le séduire. Sa puissance est le plus grand objet qui puisse les animer; cet amas d'honneurs & de biens qu'elle renferme & qu'elle distribue, voilà ce que ces insensés brûlent de partager. Ils ne connoissent point d'autre bonheur que celui des passions, combien ne flatteront-ils point les siennes dans l'espoir d'en faire une ressource pour les leurs! Il est perdu, s'il les écoute avec plaisir, s'il se livre à leurs conseils & à leur conduite. Ses meilleures qualités mêmes serviront à leurs artifices & à leurs séductions.

Ils lui feront de son pouvoir souverain l'instrument des plus grandes injustices & des plus grands malheurs, parce qu'ils en feront un titre universel pour tout oser, & ne rien craindre. Ils lui en feront un titre pour se soumettre l'esprit & la raison de ses sujets, ainsi que pour disposer à leur gré de leurs biens & de leurs vies. Ils lui en feront un droit incontestable, pour exiger toutes sortes d'hommages & de sacrifices. Ils exageront ce pouvoir, & le mettront, du moins en apparence, au dessus de tous les autres Princes du monde. En le joignant à sa capacité, ils le lui présenteront comme un sûr garant de toutes les faveurs de la fortune, & de l'avenir le plus brillant.

Qu'opposera le Prince à de si puissantes illusions? La Justice? l'humanité? la Prudence? Mais ils lui feront de ces vertus mêmes un sujet de se rassurer sur les excès qu'ils lui inspirent. Ils lui diront qu'avec un cœur & un esprit comme le sien, il ne peut être trop grand ni trop puissant pour le bonheur du monde. Ils l'attaqueront par l'amour qu'il a pour la gloire; ils lui feront craindre de s'avilir, & de rester dans la foule des Princes; sans distinction, en ne suivant pas d'autres maximes que les leurs. Ils fortifieront leurs insinuations de l'exemple des Rois les plus fameux, les plus renommés dans l'histoire: ils lui feront croire que la prudence ne connoît point de milieu entre une autorité qui se soutient, à quelque prix que ce soit, & une autorité chancellante & méprisable. Bientôt ils l'engageront dans des démarches qu'il ne pourra soutenir que par des principes si outrés; & ils lui en présenteront des essais heureux & de son goût, avec un soin extrême de lui en cacher les inconvéniens.

Ainsi

Ainſi ils le forceront de ne connoître plus d'autre grandeur que celle de la puiſſance & des richeſſes; il ne ſongera plus qu'à accroître cette grandeur au dehors & au dedans. Il voudra être un conquérant fameux & un Roi abſolu, ſans aucune autre regle que ſes deſirs. Ainſi il ira, d'un côté, attaquer des voiſins qui ne l'ont point offenſé, & de l'autre il épuiſera des ſujets fideles, qui font toute ſa force par leur obéiſſance, & par leurs fortunes particulieres.

Quelles ſeront les ſuites d'une conduite ſi ſuperbe? Il ſeroit à ſouhaiter alors pour le bonheur même du Prince, que les revers confondiſſent d'abord ſes projets, parce que peut-être ils l'éclaireroient & le rendroient plus ſage. Mais ils ne l'éclaireront pas, s'il écoute toujours ſes favoris, ſes miniſtres intéreſſés, ſes flatteurs; ils éteindront encore cette lumiere; ils n'imputeront qu'à la fortune les mauvais événemens; ils le piqueront d'en triompher; ils affoibliront par des menſonges les pertes & les défaites; ils les couvriront des plus conſolantes images de l'avenir; ils ſuggereront, pour les réparer, des moyens plus violens; ils propoſeront, au défaut de la force, les plus honteuſes & les plus horribles reſſources de la fraude & de l'artifice.

Si, au contraire, les ſuccès ſont tels que le Prince le deſire, il n'en ſera que plus imprudent & plus malheureux, parce qu'il en ſera plus flatté; il n'en ſera que plus facile à croire ſes flatteurs, dont les conſeils ſeront en apparence juſtifiés. De combien de projets outrés, de vaines présomptions, d'espérances chimériques & d'éloges grossiers ne l'enivreront-ils pas ? Ce sera alors qu'ils décideront hardiment & à haute voix, que c'est le plus grand Roi qui ait existé, & qui existera jamais ; sous la loi de qui tout l'univers doit fléchir pour son propre intérêt, & qui ne peut s'en défendre que par la modéraration du Héros : la fortune lui est asservie, & sa sagesse sans égale ne peut se tromper.

Comment soutiendra-t-il une vanité si violente & si injuste, sinon par la violence & par l'injustice ? Et comment y renoncera-t-il ? Il n'y voit rien de mauvais & de dangereux : il voit cette vanité applaudie de tous côtés ; il ne voit pas l'abîme qu'elle creuse sous ses pieds ; ainsi il s'y abandonne avec confiance. Il ne voit & ne veut voir que ses armées, ses gardes, ses frontieres, ses trésors, l'apparente soumission des vaincus, la juste obéissance de ses peuples, ses victoires & ses triomphes, son faste & ses plaisirs ; il ne voit pas les larmes & le sang qui sont le prix de cette grandeur éblouissante ; il ne voit pas l'impatience naturelle & terrible, avec laquelle la raison de tous les cœurs irrités contre lui s'anime à la vengeance & à le confondre. S'il s'apperçoit de ce péril, il le méprise, & s'endort dans la molesse ; ou s'il songe à le prévenir, il se consume & s'épuise par de nouveaux efforts & de nouvelles dépenses, que perpétuent de plus en plus les funestes effets de la flatterie. Et quelle horreur ne fait pas la situation où se trouve ce Prince aveugle?

Ce Roi si grand, si glorieux au langage de ses flatteurs, l'est-il en effet? Il est comme un homme qui auroit été emporté jusqu'aux nues par un tourbillon de vent & de poussiere. Qui oseroit dire que cet homme ne tombera pas, & que sa chûte ne sera pas irréparable? Ce Roi n'est ni aimé ni estimé, il n'est que craint; & la crainte, sans amour & sans estime, n'est que ressentiment implacable & désespoir furieux. Une conjuration générale est formée contre lui au dehors & au dedans, & elle est d'autant plus formidable, qu'elle est fortifiée par toutes les illusions, où l'a jetté la flatterie, qu'elle est fortifiée par ses injustices & ses imprudences, ses témérités & ses présomptions. S'il succombe sous cette conjuration, il est perdu, ou il est obligé de revenir honteusement & en homme puni aux termes de la modération, dont il n'auroit jamais dû s'écarter. Et s'il en triomphe, il n'en sera que plus craint, & par conséquent plus haï, plus menacé, plus chancellant: tôt ou tard il se répentira, & peut-être sans fruit, de s'être laissé séduire par les flatteurs. La flatterie ne fait qu'aggraver la misere des peuples, & tourner à la honte & à l'opprobre des Princes.

XIX.

L'Histoire est pleine de Princes malheureux que la flatterie a entraîné dans le précipice. Il est, n'en doutons pas, un Dieu arbitre, Souverain de toutes les destinées, ennemi de l'orgueil & du mensonge, qui, au tribunal de son inflexible vérité, juge & condamne, chaque jour, les Rois que la flatterie enivre. Comment échapperont-ils aux arrêts de ce Dieu vengeur, dont la lumiere toute-puissante embrasse tout, perce tout, & dissipera, comme une vaine ombre, tout autre éclat que celui de la vertu.

Plus un Prince est mal avisé & méchant, plus on lui donne d'encens; c'est le plus sûr moyen de s'insinuer dans les bonnes graces d'un tyran, que de consacrer, que de prôner toutes ses injustices, & de le représenter à lui-même comme digne de son élévation & capable de remplir lui seul les postes les plus éminens de l'Empire.

Tibere, qui avoit beaucoup de discernement, haïssoit la flatterie, parce que sa pénétration la lui faisoit connoître. Il voyoit bien que ceux qui la lui prodiguoient davantage, tels que les grands & le Sénat, redoutoient & par conséquent haïssoient son pouvoir; tout autant que lui, qui connoissoit parfaitement la nature & le bonheur de la liberté, auroit craint & haï un homme qu'il auroit vu à sa place, s'il eut été à la leur. Il savoit que la flatterie & la haine sont souvent compagnes: de sorte que ceux qui ressentent le plus de haine sont ceux qui montrent au dehors le plus d'affection; il y va de leur vie de laisser échapper quelque signe de haine; ainsi plus elle est forte, plus on a besoin d'art & de circonspection pour la cacher.

Comme la corruption, dans un Etat, commence d'ordinaire par les grands, ou pour mieux dire, comme ce ſont eux qui ſont les premiers auteurs de la corruption, ils ſont auſſi les flatteurs les plus inſignes; étant plus expoſés aux regards du Prince, plus capables de lui donner de l'envie, ils ſont par conſéquent plus portés à le flatter. Un Prince qui gouverne, ou qui veut gouverner arbitrairement, éleve aux emplois ceux qui ne lui demandent aucune raiſon de ſa conduite, qui louent tout ce qu'il fait; & plus ils ont à gagner ou à perdre, plus ils flattent, & plus ils font de baſſeſſes. Ils ſe dédommagent de leur ſervitude ſur le peuple, & ſont auſſi terribles à ceux qui leur ſont ſoumis, que flatteurs pour ceux qui ſont au deſſus d'eux. Ce ſont les eſclaves les plus rampans qui deviennent les tyrans les plus inſupportables. La même baſſeſſe d'eſprit les porte également à la flatterie & à l'oppreſſion. On diſoit fort raiſonnablement de *Caligula:* „ qu'il n'y eut jamais un eſcla„ ve plus complaiſant, ni un maître plus cruel & „ plus déteſtable".... C'eſt ainſi que la flatterie ſe répand & corrompt les hommes de tous les états, de toutes les conditions: le Prince tient les grands en reſpect, & les grands le flattent: les grands oppriment le peuple, s'en font craindre; & le peuple craint & adore les grands. En Turquie les *Bachas* ſont les eſclaves du *Grand-Seigneur*, & les peuples ſont les eſclaves des *Bachas*.

Poiſon funeſte que la flatterie! Elle égare les Princes au point de leur faire accroire que toutes les meſures qu'ils prennent pour appuyer & ſoutenir leurs oppreſſions ſont raiſonnables; que les traits de leur rage frénétique ſont le réſultat d'un gouvernement juste & équitable, que la louange extorquée part d'une sincere affection, & qu'eux-mêmes sont l'amour du peuple dans le tems qu'ils en sont l'horreur. Cette fausse & pernicieuse idée les empêche de se répentir ou de se corriger. S'endormant sur les discours des flatteurs, ils ne sauroient découvrir en quoi ils ont mal fait, & ne voient point de quoi ils devroient se corriger. Les flatteurs de Néron tournoient Séneque en ridicule, & faisoient entendre au Prince qu'il n'avoit pas besoin de tuteur... Les flatteurs de Commode firent la même chose à l'égard de ses vieux conseillers, qui l'avoient été de son pere. Néron & Commode suivirent les avis de leurs flatteurs, ils regnerent méchamment, firent une fin tragique, & leur mémoire est détestée pour jamais. Les pestes de cour endorment des méchans Princes dans la sécurité, & leur tiennent le bandeau sur les yeux, jusqu'à ce que le hasard les leur faisant ouvrir, la premiere chose qu'ils voient c'est leur trône chancellant ou renversé, & quelquefois le glaive du bourreau à leur gorge.

XX.

Le cœur de tous les hommes est agité par l'orgueil, & ce sentiment donne de l'amour pour la réputation. Si l'on veut s'en faire une bonne & stable, il faut régler ses actions, de sorte qu'on ait toujours en vue le jugement de la postérité. On ne l'abusera point par des évasions & de fausses couleurs: de vaines excuses ne passeront point auprès d'elle pour des raiſons, quoiqu'elles aient trompé nos contemporains, ſouvent ſéduits par l'amitié, par l'eſprit de parti, ou par la prévention. Le tems & la mort détruiſent toutes ſortes d'artifices, diſſipent les nuages & révelent bien des myſteres: alors les intentions des hommes, leurs motifs & leurs vues ſont découverts & examinés à la rigueur. L'eſſor d'une imagination portée à la flatterie n'eſt plus regardée comme l'effet de l'affection pour le Prince, ni les efforts de l'ambition comme l'effet du zele pour le bien public.

Claude & *Pallas*, *Tibere* & *Séjan*, *Néron* & *Tigellin*, étoient careſſés, applaudis & adorés pendant leur vie, dans le tems de leur puiſſance & de leur faveur. La crainte de leur autorité arrachoit alors les louanges de tous les hommes; maintenant leur nom n'inſpire que l'horreur & le mépris. A quoi leur ont ſervi leurs ruſes, leurs ſubornations, leur puiſſance & l'élévation de leurs poſtes? Le reſpect pour leur pourpre, la force de leurs armes, les gardes prétoriennes & leurs loix perverties, ont-elles pû mettre leur mémoire à couvert de l'ignominie & de l'opprobre? Un écrivain moderne a-t-il à craindre leurs accuſations de crime de Leze-Majeſté, ou le ſouffle pernicieux de leurs délateurs, lorsqu'il les traite de monſtres ſouillés de ſang, de tyrans, de peſtes publiques & d'oppreſſeurs de la terre, couverts de malédictions & meurtriers de ſang-froid?

Ces tyrans de Rome & leurs flatteurs ont beau avoir pouſſé la tyrannie & la flatterie à ſon comble, ils n'ont pas été capables avec tous leurs artifices

& la terreur qu'ils répandoient, d'éteindre la mémoire de leurs actions, ni d'empêcher qu'on n'en parlât. On a transmis à la postérité leur nom avec les épithetes qui leur conviennent. Le nom de Néron est moins suivi de l'idée d'Empereur, que celle de tyran, dans l'esprit de tous les hommes.

Tibere souhaitoit passionnément les louanges de la postérité, & qu'elle eût de l'affection pour sa mémoire. Nous savons comme il y a réussi; son nom est détesté comme celui du plus dangereux, du plus perfide, & du plus rusé tyran qui ait jamais opprimé le genre humain. A peine fut-il expiré, que le peuple éclata en démonstrations de joie & en exécration: „ les uns crioient qu'on le „ traînât dans le Tibre, les autres demandoient à „ la terre, notre mere commune & aux Dieux Infernaux, de ne lui donner de demeure que parmi les scélérats & les monstres. D'autres ne „ parloient de rien moins que de traîner son corps „ avec des crocs à la voirie; & lorsqu'on alloit „ porter son corps de Misene à Rome, chacun „ crioit qu'il valoit bien mieux le porter à l'amphithéâtre d'Atella pour l'y brûler à demi". C'étoient-là les marques de la bonne odeur dans laquelle ce tyran avoit laissé sa mémoire. Que nous fait à nous leur qualité de Souverain & d'Empereur? Les gens de bon sens ne se laissent point éblouïr par des noms; ils regardent les monstres comme des monstres, quels que soient les titres que la fortune ou les flatteurs leur ont donnés, ou qu'ils se sont attribués eux-mêmes.

C'eſt ainſi que les tyrans doivent s'attendre que la poſtérité ſe vengera ſur leur nom. C'eſt à quoi doivent réfléchir ſérieuſement ceux qui aiment leur gloire, & qui recherchent l'immortalité, comme font la plupart des Princes. Ils y ſont d'autant plus obligés qu'ils ſont dans un poſte trop éminent, & font trop de choſes pour que leur nom tombe dans l'oubli. Ils devroient plus craindre la cenſure de la poſtérité, ordinairement bien fondée & durable, qu'ils ne devroient être touchés des louanges de leur ſiecle, ſouvent fauſſes & paſſageres, & dont pour le moins on peut ſoupçonner la ſincérité.

La maniere dont Canut I, Roi d'Angleterre, repouſſa la flatterie de ſes courtiſans, mérite bien d'être remarquée. Il étoit ſur le bord de la mer, lorsque l'un d'eux lui donna le titre de *Roi des Rois, de maître de la mer & de la terre.* Ce Prince, ſans répondre, plia ſon manteau, & s'aſſit deſſus; après quoi voyant venir le flux: „ *La* „ *terre où je ſuis eſt à moi*", dit-il en s'adreſſant à la mer, „ *& toi-même es ſoumiſe à ma* „ *domination. Je te commande de ne pas avan-* „ *cer plus loin, & de reſpecter les pieds de ton* „ *Roi*". Cet ordre n'empêcha pas que le flot ne mouillât les habits & les pieds du Monarque: „ *vous voyez*", dit-il alors à ceux qui l'accompagnoient, „ *comment je ſuis maître de la mer.* „ *Apprenez par-là ce que c'eſt que la puiſſance* „ *des Rois de la terre, & qu'à proprement par-* „ *ler il ne faut appeller Roi, que ce grand*

„ *Dieu, par qui le ciel, la terre & la mer ont* „ *été faits & ſont gouvernés*".

XXI.

RIEN ne ſied mieux à coup ſûr à un grand Prince que de réſiſter à la flatterie. Le Sénat avoit ordonné que l'on jureroit ſur tous les actes de Tibere, c'eſt-à-dire que l'on tiendroit pour bien & duement fait tout ce qu'il feroit; & Tibere dit, au contraire, que tant s'en falloit qu'il fût infaillible, qu'il étoit plus en danger de faillir que perſonne, parce que ſa charge étoit non-ſeulement la plus difficile de toutes, mais encore la plus ſujette aux accidens de la fortune.

Les Princes ont toujours à leurs côtés des flatteurs, qui jurent ſur tous leurs actes, diſant que Dieu leur a donné une connoiſſance univerſelle & un jugement qui ne ſauroit errer. Ainſi il ne faut pas s'étonner s'il y a tant de Princes qui ſe corrompent, faute de trouver des ſerviteurs fideles, qui veuillent dire la vérité.

Un politique eſpagnol, Gracian, rendant raiſon pourquoi l'on voit des Rois qui menent partout des fous avec eux: „ *c'eſt*, dit-il, *parce qu'ils* „ *ſont ſages; car ces fous ne ſont pas pour les di-* „ *vertir, mais pour les avertir. Ces fous*, pour- „ ſuit-il, *ſont les oracles de la vérité; car ils* „ *rapportent ſans crainte ce que les autres ont dit* „ *devant eux ſans retenue; ce qui ſert extrême-* „ *ment aux Princes à réformer leur conduite*".

Germanicus allant de nuit par toutes les rues de ſon camp, déguiſé & ſans ſuite, s'arrêtoit à toutes les tentes, & prêtoit l'oreille aux entretiens familiers de ſes ſoldats. Pluſieurs grands Princes n t ſuivi cette méthode, pour apprendre eux-mêmes ce qu'ils ſavoient que perſonne n'oſeroit lui dire. Gracian dit encore agréablement „ *que Charles V* „ *s'étoit fait l'eſpion de ſa réputation, & que le* „ *Roi François I ayant paſſé une nuit dans la* „ *maiſon de la ſimplicité, c'eſt-à-dire, en la com-* „ *pagnie de quelques payſans, apprit tant de cho-* „ *ſes qui lui importoient, qu'il répétoit ſouvent* „ *qu'il étoit perdu, s'il ne ſe fut perdu (à la* „ *chaſſe)*". Auſſi pouvoit-il dire ce que dit le grand Antiochus au ſortir d'une petite cabane, où il avoit raiſonné quelque tems avec de pauvres gens qui ne le connoiſſoient pas : „ qu'il n'avoit ja- „ mais ouï la vérité que ce jour-là". —— „ *S'il* „ *eſt ſi difficile à chaque homme de ſe connoître*, „ ajoute le même auteur, *que ſera-ce à un Roi?* „ *L'amour-propre ne ſouffre pas qu'il ſe connoiſſe* „ *par lui-même, ni la flatterie qu'il ſe connois-* „ *ſe par les autres. Les Princes n'ont point de* „ *miroir, il faut donc que leur induſtrie leur* „ *en ſerve*".

Les flatteurs ſont d'ordinaire tachés de deux vices, qui ſemblent être contraires, c'eſt-à-dire, de lâcheté & d'orgueil. Ils ſont ſouples & complaiſans envers le Prince & ſes favoris, mais arrogans envers leurs inférieurs. Et c'eſt en ce ſens que Tacite dit, que Mucien étoit mêlé de douceur & d'arrogance, & que l'orateur Paſſienus diſoit de Caligula qui avoit été le plus lâche flatteur de Tibere, „ *qu'il ne s'étoit jamais vu ni de „ meilleur esclave, ni de pire maître*". Plutarque dit pareillement que Sylla s'humilioit envers ceux dont il avoit affaire, & ſe faiſoit adorer par ceux qui avoient à faire de lui; de ſorte que l'on ne pouvoit dire lequel des deux il étoit davantage, ou orgueilleux, ou flatteur.

XXII.

Il en eſt des Princes, comme des femmes coquettes qui ſe laiſſent prendre par les oreilles. Si les flatteurs ne parloient point, les Princes ne ſeroient jamais trompés, car la vérité prendroit la place du menſonge. C'eſt pour cette raiſon que le ſage Sénateur Helvidius, opinant ſur l'élection des députés que le Sénat avoit réſolu d'envoyer à *Veſpaſien*, au ſujet de ſon avénement à l'Empire, diſoit qu'il étoit de l'intérêt de l'Etat, & de la gloire du Prince, de lui députer, pour cette premiere fois, ceux d'entr'eux dont la vie étoit ſans tâche & ſans reproche, pour accoutumer ſes oreilles au bon conſeil; que Traſea, Foranus & Sentius, c'eſt-à-dire, les trois plus integres perſonnages du Sénat, ayant été honorés de l'amitié de Veſpaſien, il falloit bien ſe garder de lui faire voir leurs accuſateurs; qu'une députation ſi judicieuſe feroit comme un avertiſſement tacite, que le Sénat lui donneroit, de ceux qui ſeroient dignes de ſon eſtime & de ſa bienveillance, & pareillement de ceux dont il auroit à ſe défier, c'eſt-à-diro des flatteurs & des autres scélérats qui bâtissent leur fortune sur la ruine des autres.

Sous les méchans Princes les grands se soucient fort peu des disgraces publiques, parce qu'ils sont occupés à songer à leur sûreté. Plus on craint, & plus on se laisse aller à la flatterie, surtout les gens de cœur, ou ceux qui sont dans les grandes charges, d'autant que leur fortune les expose à plus de dangers que les autres. D'ailleurs, quand un Prince dissimule le mauvais état de ses affaires, c'est pour-lors qu'il est flatté davantage, chacun affectant une pleine assurance en la fortune & en la personne du Prince.

Une instruction salutaire qu'on pourroit donner aux Princes, seroit de fermer courageusement l'oreille à la flatterie ; d'autant que quelque bon que soit un Prince, s'il écoute les flatteurs, la flatterie, à force de divertir leurs oreilles, se glissera enfin jusqu'à leur cœur, & en arrachera la pudeur, la modération, la docilité, la reconnoissance, la clémence, la bienfaisance & toutes les autres vertus.

Mezeray en donne un bel exemple en la personne de Henri III: „ Son regne, dit-il, pourroit „ être appellé le regne des Favoris, & par conséquent des flatteurs ; ils acheverent d'énerver ce „ qu'il avoit de ferme, & de le dissoudre dans „ les voluptés. — Afin de le posséder tout entier, ils lui persuaderent de ne se plus tant communiquer à ses sujets, comme avoient fait ses „ prédécesseurs, mais de se tenir caché comme les „ Rois d'Orient, & de ne se faire connoître à eux „ que par un grand éclat, ou de magnificence, ou de

„ commandement abſolu, & ſurtout de déſac-
„ coutumer les François de lui faire des Remon-
„ trances, & de leur apprendre qu'il n'y a point
„ d'autre juſtice que ſa volonté. —— C'étoit re-
„ gner précairement, lui diſoient ces flatteurs,
„ que de ſe contenter d'une autorité qui ne s'étend
„ que ſur les choſes permiſes..... Sur cela, ils
„ élevoient ſon eſprit dans les hauts ſentimens de
„ lui-même, & le rempliſſoient de cette opinion,
„ qu'il étoit le plus grand Prince du monde, qu'il
„ ſurpaſſoit infiniment tous les Rois précédens,
„ qu'il avoit fait des chefs-d'œuvre de politique,
„ dès ſon apprentiſſage, & que la prudence des
„ plus habiles n'étoit qu'ignorance en comparaiſon
„ de la ſienne". Il n'y a point de Prince, quel qu'il ſoit, à qui les flatteurs n'en diſent autant; preuve qu'ils ne parlent pas à la perſonne du Prince, mais à ſa fortune, qui eſt le ſeul objet de leurs adorations.

Voulez-vous connoître plus particuliérement quel eſt le langage des favoris, miniſtres, flatteurs, de ces hommes qu'on peut appeller les fléaux de l'Etat? Le voici: „ ils diſent que Dieu a donné aux
„ Princes non-ſeulement le pouvoir abſolu, mais
„ encore une intelligence univerſelle, & que les
„ ſujets n'ont rien à prétendre que la gloire d'o-
„ béir aveuglément; que la volonté Royale eſt la
„ regle de la juſtice, & que par conſéquent tou-
„ tes les actions des Rois ſont juſtes; que le Prin-
„ ce qui gouverne ſelon les loix, n'eſt qu'un Prin-
„ ce précaire; & que celui qui défere aux Re-
„ montrances de ſon Parlement, de ſon Conſeil,

„ eſt un pupille; que c'eſt le propre d'un Roi de „ n'être dirigé de perſonne, & de faire tout à ſa „ mode; que tous les moyens qui ſervent à con- „ ſerver l'autorité, ſont honnêtes & légitimes, „ quand ils ſont ſûrs; que la pauvreté des peu- „ ples, & l'abaiſſement des grands ſont les deux „ colonnes qui ſoutiennent la puiſſance Royale; „ que les privileges, les exemptions & les tailles „ modérées ne ſervent qu'à rendre les ſujets in- „ dociles & fougueux, au lieu qu'ils ſont ſouples, „ ſoumis, complaiſans, quand ils n'ont plus rien „ à perdre; que les richeſſes des particuliers ſont „ fatales aux Princes; que tout leur appartient; „ que le luxe eſt l'appanage de leur fortune; „ que leurs divertiſſemens ne doivent pas être „ moindres que leurs ſoucis & leurs travaux; „ qu'il leur importe peu d'être aimés, mais „ beaucoup d'être craints, parce que la crainte „ eſt entretenue par la peur de la peine qui ne „ ceſſe jamais, au lieu que l'amour n'eſt retenu „ que par un certain lien de bienſéance, que „ les hommes rompent toutes les fois qu'il leur en „ prend fantaiſie; que la clémence eſt une vertu „ périlleuſe, & la modeſtie une vertu bourgeoi- „ ſe; & qu'enfin les Princes ne doivent pas ſe „ mettre fort en peine de ce que la poſtérité „ dira d'eux, parce qu'elle ne pourra discerner „ la vérité entre ceux qui les auront loués, & „ ceux qui les auront blâmés, étant de la deſti- „ née des Hiſtoriens d'être toujours ſoupçonnés „ de flatterie ou de médiſance".

Pourroit-on avoir trop d'horreur d'un tel langage ; & ceux qui s'en servent, pour parvenir à leurs buts, ne mériteroient-ils pas d'être traités comme criminels de leze-majesté ? En un mot, ce sont des scélérats, des monstres, des pestes dignes de l'exécration publique.

XXIII.

Les flatteurs louent les vices des Princes & des Grands, parce qu'ils ont intérêt de les fomenter, & d'en profiter. Si les Princes n'étoient pas vicieux, que feroient les flatteurs qui n'ont que cette porte pour entrer en faveur, & que cet infame moyen pour s'y maintenir ?

Les Princes, au sentiment de Pline, n'ont pas besoin de maîtres pour devenir méchans ; mais quelques méchans qu'ils soient, ils ne laissent pas d'apprendre encore beaucoup de choses, dont ils ne s'aviseroient jamais s'ils n'avoient point de flatteurs auprès d'eux. De tous les vices du Prince, il n'y en a point qu'ils aient plus soin d'entretenir que le luxe & la prodigalité, parce qu'ils sont toujours ceux qui ont le plus de part à ses profusions.

Henri III étoit un des meilleurs Princes du monde, mais François d'O, l'un de ses principaux flatteurs, & pour comble de malheur son Surintendant des Finances, ne tarda gueres à le corrompre. „ C'étoit, dit Mezeray, un homme „ entiérement perdu dans le luxe, qui obligeoit

„ à

„ à toute heure le Roi de faire de nouveaux „ Edits qu'on appelle Burſaux, & d'aller en „ Parlement le forcer par ſa préſence à les vé- „ rifier. Ce fut une des principales cauſes de la „ ruine de ce Prince, d'autant que les peuples „ perdirent peu à peu le reſpect & l'affection „ qu'ils lui portoient; & les chefs de la Ligue „ ne manquerent pas de faire gliſſer en la place „ l'averſion & le mépris. A quoi n'aidoit pas „ peu l'inſolence de ſes favoris, qui s'élevoient au „ deſſus des Princes, & diſpoſoient ſouveraine- „ ment de toutes choſes".

Il eſt facile de flatter les Princes, mais très-difficile de bien les conſeiller. Dans les affaires les plus importantes des particuliers, il y a toujours quelques reſſources, & l'on peut ſans ſe perdre tenter plus ou moins la fortune. Mais celles des Princes ſont ſujettes à tant d'accidens, & dépendent de tant de circonſtances, que la moindre faute eſt capable de les faire échouer pour jamais.

L'hiſtoire nous fournit un grand exemple de la fatalité des conſeils des flatteurs en la perſonne du Duc d'Anjou, Frere de Henri III, lequel perdit la Flandre & le Brabant, dès qu'il eut manqué ſon coup ſur Anvers. „ Ceux qui le gouver- „ noient plus particuliérement, dit le même Me- „ zeray, étoient gens ſans honneur & ſans foi, „ entr'autres Aurilli, fils d'un ſergent de la Fer- „ té, près de Blois, que ſon luth, ſa voix, ſa „ danſe, & autres qualités plus dignes de l'affec- „ tion d'une femme que de celle d'un grand

„ Prince, avoient mis en haute faveur auprès de „ ſon maître. Ces gens-là le tenant toujours en „ défiance du Duc de Montpenſier, & des autres „ gens d'honneur, qui euſſent pû le détourner „ des méchantes actions, l'éguillonnoient ſans „ ceſſe à s'emparer des places, dont ils ſe pro„ mettoient d'avoir les gouvernemens, car les con„ ſeils des flatteurs ſont toujours intéreſſés". C'eſt pour cela qu'un Prince doit ſagement conſidérer, ſi ce qu'il a envie de faire, peut tourner à ſa gloire, & au bien de ſon Etat.

Les complaiſances des flatteurs ſont quelquefois ſi outrées, qu'elles vont jusqu'au ridicule.

Philippe de Macédonie ayant été obligé de prendre un bandeau, à cauſe d'une bleſſure qu'il avoit reçue à la tête, la plûpart de ceux de ſa cour ſe montrerent avec le même appareil, comme s'ils en euſſent eu le même beſoin.

Denis le Jeune ayant la vue fort baſſe, ſes courtiſans pour flatter ce défaut, faiſoient les demi-aveugles, ſe heurtant les uns les autres, & bronchant à tous les momens. Combalus, favori de Séleucus, & paſſionnément ami de la Reine Stratonice, s'étant fait lui-même eunuque pour ne donner aucune priſe à la calomnie, tous ceux qui fondoient leur fortune ſur ſa faveur, en firent autant. Parce que Mithridate aimoit beaucoup à exercer la médecine, ſes flatteurs lui donnoient leurs membres à inciſer & à cautériſer ſans néceſſité. Les flatteurs de Platon contrefaiſoient ſes groſſes épaules, ceux d'Ariſtote ſon bégayement, ceux d'Alexandre le grand ſa tête panchée & l'âpreté de ſa voix.

Aſſurément rien n'eſt plus déteſtable qu'un flatteur de profeſſion, qui par un vil intérêt, ou une lâche complaiſance, applaudit à tout ce qu'on dit, ſans diſtinction du vrai d'avec le faux, du bon d'avec le mauvais. Mais ce qui rend la conduite des adulateurs plus odieuſe encore, ce ſont les applaudiſſemens & les louanges qu'ils donnent aux défauts de ceux qu'ils flattent; ce ſont les raiſons qu'ils leur ſuggerent pour juſtifier leurs injuſtices; ce ſont les prétextes qu'ils leur fourniſſent pour entretenir leurs déréglemens; ce ſont les moyens qu'ils leur découvrent pour contenter leurs paſſions. Auſide, fade adulateur, parle ainſi à Perpenna dans la tragédie de Sertorius.

„ *Quel honteux contretems de vertu délicate,*
„ *S'oppoſe au beau ſuccès de l'eſpoir qui vous flatte?*
„ *Et depuis quand, Seigneur, la ſoif du premier*
„ *rang*
„ *Craint-elle de répandre un peu de mauvais ſang?*
„ *L'honneur & la vertu ſont des noms ridicules;*
„ *Marius, ni Carbon, n'eurent point de ſcrupules.*
(Act. I. Sc. I.)

Le Prince n'eſt environné que de gens dont l'intérêt eſt de lui déguiſer la vérité. Ils ne cherchent qu'à le tromper. Chacun, ſous les apparences de zele, cache ſon ambition: on fait ſemblant d'aimer le Prince, & on n'aime que les richeſſes qu'il donne, ou les honneurs qu'il distribue; on l'aime si peu, que pour obtenir ses faveurs, on le flatte, & on le trahit.

Phédre di à Oenone, dans la Tragédie de Racine:

„ *Je ne t'écoute pas: va-t-en, monstre exécrable,*
„ *Va, laisse-moi le soin de mon sort déplorable:*
„ *Puisse le juste ciel dignement te payer,*
„ *Et puisse ton supplice à jamais effrayer*
„ *Tous ceux qui, comme toi, par de lâches adresses,*
„ *Des Princes malheureux nourrissent les foiblesses,*
„ *Les poussent au penchant où leur cœur est enclin*
„ *Et leur osent du crime applanir le chemin;*
„ *Détestables flatteurs, présent le plus funeste,*
„ *Que puisse faire aux Rois la colere céleste*".

Si Néron avoit suivi les sages conseils & les excellentes regles de gouvernement qui lui avoient été dictées par Burrhus & par Séneque, & qu'il s'étoit prescrites lui-même dans le premier discours qu'il fit au Sénat; s'il avoit fermé l'oreille aux conseils de Tigellin, & de plusieurs autres de son espece; la fin de son regne auroit été accompagnée des mêmes bénédictions que le commencement, & Néron auroit laissé un nom aussi respectable qu'il le rendit abominable. Si les confidens des Princes, au lieu de se ravaler, jusqu'à devenir de vils parasites, au lieu de trahir la vérité, de couvrir le Souverain & eux-mêmes d'ignominie, vouloient donner des conſeils ſalutaires à l'Etat, outre la louange qu'ils mériteroient d'une conduite ſi noble, ce ſeroit la plus ſûre, la plus infaillible, de fonder leur propre fortune, & celle de leur famille, ſur la ſûreté publique. Si quelque malheur les faiſoit tomber dans la disgrace, s'il leur en coûtoit la vie pour avoir fait leur devoir, ils auroient au moins le témoignage de leur conſcience, les applaudiſſemens des vivans & les louanges de la poſtérité. Au lieu que fomentant les paſſions, les jalouſies & les violences du Prince par leurs adulations rampantes, ils lui apprennent à tourner ſa fureur contre eux-mêmes, ce qui eſt ſouvent arrivé & ce qu'ils doivent craindre.

XXIV.

N'AIMER que l'encens & les applaudiſſemens, fermer l'oreille au procédé franc & ſincere, à la vérité, aux bons conſeils, ne la prêter qu'à des flatteries trompeuſes, à des fauſſetés agréables, ſouvent funeſtes, c'eſt l'ordinaire des Princes. Auſſi des Princes, pour avoir eu des courtiſans d'une complaiſance exceſſive, ou les oreilles trop tendres, & le cœur trop vicieux, ont ſuccombé plus d'une fois à un ſort déplorable, plus d'une fois ſe ſont vus détrônés, avant qu'ils ſoupçonnaſſent même d'être haïs, & ont à peine trouvé un intervalle ſenſible entre les acclamations des flatteurs & le coup mortel d'un bourreau.

C'eſt le génie des cours : les mauvaiſes nouvelles y ſont généralement cachées ou déguiſées ;

de-là viennent trop ſouvent le ſilence & les flatteries des courtiſans, qui ne veulent dire que ce qui eſt agréable à entendre, & tels ſont quelquefois l'orgueil, l'impatience & l'eſprit mal tourné des Princes, qu'ils ne veulent rien ſavoir qui puiſſe les chagriner.

Un Prince ne pourroit avoir trop d'horreur pour ces hommes qu'on peut appeller Athées en Politique, presque auſſi funeſtes pour l'Etat que ceux qui blasphêment la Divinité. Dans le fait cette eſpece d'hommes ne connoît rélativement à l'Etat d'autre vérité que celle qui leur convient. Ils admettent ou ils rejettent ſelon leur intérêt & leur poſition, les loix les plus eſſentielles, & qu'ils connoiſſent le mieux. Auſſi pareilles pestes d'Etat ſont ordinairement conſéquens : il ne tient pas à ces malheureux qu'ils n'étouffent le cri de la nature, preuve de la Divinité, comme ils ont voulu étouffer celui de la patrie, & cette voix importune, qui leur préſentoit ſans ceſſe des loix ſi gênantes pour eux. Mais leurs efforts ſont inutiles à l'égard de la patrie, comme ils le ſont à l'égard de la Divinité.

Lorsque les Princes commencent à chanceller, le zele de leurs favoris & partiſans commence auſſi à ſe rallentir. Ceux qui ont été les plus empreſſés à les flatter, ſont les premiers à les cenſurer; & comme un Prince aſſuré de ſon pouvoir ne manque jamais de mérite & de gloire, celui dont l'autorité eſt ſur le déclin ne manque jamais de défauts & de cenſures. Galba en eſt un exemple: quel zele ne lui témoigna-t-on pas, combien de proteſtations de ſervice ne lui fit-on pas, tandis qu'il fut ſur ſes pieds? Combien de reproches & d'inſultes n'eſſuya-t-il pas après ſa chûte? Il en fut de même d'Otton, & de Vitellius. Ils furent adorés, ou diffamés, ſelon que la fortune s'attachoit à eux, ou les abandonnoit: ce qui arrivera toujours à tous les Princes. Il eſt rare qu'ils aiment à écouter la vérité, & il ne l'eſt pas moins qu'on veuille s'haſarder à la leur dire. Ils doivent par conſéquent former un jugement de l'opinion que le public a d'eux & de leur ſituation ſur leurs actions & ſur la forme de leur gouvernement, ſur le caractere des miniſtres qu'ils employent, & ſur les meſures qu'ils ſuivent, non pas ſur ce qu'en diſent les adulateurs qui les environnent, non pas ſur les acclamations d'une foule de peuple, ni ſur la fidélité des Généraux; toutes ces marques ſont trompeuſes, & ont abuſé presque tous les Princes... mais on peut ſe fier hardiment à une conduite irréprochable. Au pis-aller, qui n'aimeroit mieux périr en ſuivant ces maximes, que de ſubſiſter par une conduite lâche, injuſte, tyrannique? Celui qui périt en s'attachant à la vertu, y gagne, quoi qu'il puiſſe perdre, & celui qui gagne par la méchanceté, par la ſcélérateſſe, y perd certainement, quoiqu'il acquiere.

La vertu tient lieu de tout, & les gages de l'iniquité ſont pires que ſi l'on n'avoit rien. Ceci n'eſt pas une ſimple ſpéculation, & un rafinement de morale; il a ſon fondement ſur l'expérience de ce qui ſe paſſe dans la vie.

XXV.

L'ADULATION maligne, jointe à la dépravation du cœur de la plupart des Princes, conduit infailliblement au Despotisme. Le Despotisme, a dit Montesquieu, ne peut se soutenir que par la crainte. La doctrine de l'obéissance aveugle, sans faire aucun bien aux Princes, a été une source fatale de maux pour les peuples. C'est un article de foi parmi les Turcs, digne de leur grossiéreté & de leur barbarie : cependant en quels pays du monde la déposition & le massacre des Princes ont-ils été plus communs qu'en Turquie? Des exemples terribles démontrent que sous le sceptre accablant du Despote, si le peuple n'est pas foulé autant qu'il peut être, il se mutine & se révolte; & s'il est trop resserré dans ses chaînes, il fait des efforts pour les rompre, & s'agite en desespéré. La force militaire a été regardée par les Despotes Ottomans comme le rempart essentiel du souverain pouvoir, de l'arbitraire, du despotisme: mais ce boulevard même est un frein pour le tyran, qui, sans cet appui, n'auroit plus d'autres loix à donner que sa suprême volonté, ses goûts, ses caprices.

C'est encore un puissant ressort dans les Etats arbitraires, qu'une religion minutieuse, intolérante & sanguinaire; ses dogmes contribuent autant, & plus même que la force, à la sûreté des tyrans. Le Mufti, le Pontife, le Grand Prêtre, le Très saint Pere des Musulmans, fera entendre au Grand Sultan qu'il peut à son gré faire couper, trancher les têtes, ſans conſéquence : la Religion le lui dit, le Mufti le lui prêche & le lui annonce de la part de Dieu ; & malgré toutes ces ſaintes autorités, la perſonne du Monarque, ſi ſacrée, gardée avec tant de précautions divines & humaines, eſt ſouvent miſe en pieces avec moins de formalité que celle d'un malfaiteur d'entre le vulgaire, & même avec le conſentement & le ſecours du Mufti. Cela eſt arrivé plus d'une fois dans un ſiecle. Si l'autorité de ces Monarques eut été moindre, leur ſûreté en eut été plus grande.

La Religion & les armes ſervent puiſſamment à un Monarque pour étayer & étendre ſon deſpotiſme. Comme dans un Empire peuvent ſe trouver des peuples de différentes croyances, la puiſſance des armes fait ſur les uns ce que l'auſtérité outrée de la Religion fait ſur les autres. Les premiers Sultans ſe trouverent préciſément dans ce cas, lors de leurs vaſtes conquêtes. Ils éviterent par ambition, & non pas par humanité, d'exterminer les peuples qu'ils ſoumirent ; mais aſſez éclairés pour ces nations conquiſes, ils crurent ne pouvoir mieux faire que d'établir chez elles un gouvernement militaire, nombreux, formidable & cruel.

Amurath, le troiſieme de ces farouches Souverains, dans la vue de former un Corps redoutable de guerriers, uniquement dévoués à ſes ordres, & qui l'accompagnaſſent en tous lieux, ordonna aux officiers de ſon Armée de lui réſerver, comme un bien appartenant à la couronne, la cinquieme partie de tous les jeunes gens qu'ils feroient priſonniers de guerre. Cet ordre fut exécuté ; & ces jeunes gens inſtruits dans la Religion Muſulmane, accoutumés à l'obéiſſance par les rigueurs de la plus ſévere discipline, exercés à toutes les occupations militaires, furent enſuite réunis en un même Corps, ſous le nom de Janiſſaires. La chaleur de l'enthouſiasme, les fureurs du fanatisme, les marques les plus ſignalées de faveur, de diſtinction, les bienfaits du Tyran, tout fut mis en œuvre pour inſpirer à ce nouveau Corps, l'ardeur martiale la plus héroïque, & une orgueilleuſe & intime conviction de ſa prééminence. Ces moyens réuſſirent : bientôt les Janiſſaires devinrent le ſoutien inébranlable & la gloire des armes Ottomanes. Leur nombre s'accrut prodigieuſement, & leur valeur éprouvée les fit diſtinguer du reſte des troupes qui ſuivoient le Sultan.

Mais comme dans toutes les ſociétés exiſtantes, & plus despotes qu'ailleurs, la puiſſance ſuprême réſide entre les mains des guerriers, les Janiſſaires qui ne doivent ſervir que d'inſtrument à l'agrandiſſement du Sultan, uſurperent peu à peu le droit non-ſeulement de lui déſobéir, mais auſſi de condamner hautement ſa conduite. Féroces & timides en même tems, ces ſoldats ſont inſolens, lâches & mépriſables : timides & doux, ſelon qu'ils ſe croient redoutés, ou qu'on ſait leur inſpirer plus de crainte ; ſouvent ſuperbes & mutins, ils ne demandent point, ils parlent en maîtres, dépoſent leur ſouverain, le renverſent du trône, & y placent qui ils veulent.

XXVI.

Nunquam ſatis fida potentia ubi nimia... Un Prince abſolu eſt celui qui eſt le moins aſſuré; n'agiſſant par aucune loi fixe, il n'a aucune regle non plus pour ſe croire en ſûreté. Il exerce des violences, & la violence eſt le ſeul remede qu'on lui oppoſe. La violence, injuſte en toute occaſion, ne ſe conduiſant par aucune regle, auſſi changeante & illimitée que le ſont les paſſions & les imaginations des hommes, ne ſauroit trouver des précautions aſſurées pour ſe mettre à couvert, ou pour ſe défendre.

Lorsque les Princes agiſſent ſelon les loix, ſi les particuliers ſe plaignent de quelque rigueur, ils peuvent recourir à la loi, & s'ils ne trouvent aucun remede à leurs griefs dans l'exécution fidele de la loi, ils doivent obéir, & ne s'en prendre qu'à la loi-même : c'eſt ce qu'ils font en effet. Si, au contraire, ils ne ſouffrent point en vertu de la loi, & qu'on emploie la pure violence contre eux, ils chercheront leur retour dans la violence. Un peuple n'eſt jamais ſi bas, ni ſi inſenſible à quelqu'oppreſſion qu'on l'ait accoutumée, qu'un chef de parti habile n'y trouve quelque ſigne de vie, quand ce peuple eſt pouſſé à bout; & avec un peu de conduite, il peut cauſer de grandes révolutions.

On l'a vu par l'exemple de la Sicile, ſous la domination des François; de la Suiſſe, ſous celle de la domination d'Autriche; & des Pays-Bas, ſous le joug des Eſpagnols; les eſclaves mêmes qui ſe font le plus d'honneur de leur esclavage, les Turcs, se soulevent souvent, terrassent leur orgueilleux tyran & le foulent aux pieds.

Les esclaves irrités sont certainement dangereux: n'ayant aucune ressource contre l'oppression, ils se déchaînent contr'elle avec fureur. Une petite étincelle allume souvent la flamme, & la flamme se répandant cause un incendie général, quand le matiere y est disposée; ce qui ne manque presque jamais dans les gouvernemens absolus, ou qui travaillent à le devenir.

Les troubles de Paris pendant la minorité de Louis XIV, furent suivis d'un soulevement général de toute la France, quoique le Royaume entier eût été intimidé, réduit au désespoir, & fût tombé dans une espece de léthargie. Cependant les tempêtes qui suivirent le faux calme, faillirent renverser la Monarchie.

La tranquillité publique ne sauroit être assurée, & aucun gouvernement n'est à couvert des révolutions, quand les sujets y sont exposés au pillage & à l'oppression. Les peuples que l'on traite comme des bêtes brutes, sont capables d'agir comme des bêtes irritées, de devenir furieux si on les maltraite, & si on les réduit à l'extrême indigence. Les seuls Tyrans désirent une autorité sans bornes. Lorsque le gouvernement est arbitraire & rigoureux, le peuple ne craint pas qu'aucun changement rende sa condition pire: tout particulier soupire après une révolution, tous sont capables de s'exposer à une guerre civile, d'essayer de nouveaux malheurs, pour se délivrer de ceux qu'ils endurent, & ſe venger de leur oppreſſeur.

C'étoit la diſpoſition des Romains pendant la révolte de Sacrovir ; elle leur donnoit de la joie, & la haine qu'ils avoient pour Tibere, leur faiſoit ſouhaiter un bon ſuccès à l'ennemi public.

Quoiqu'Auguſte eût regné aſſez longtems pour énerver, ou pour éteindre toute idée de liberté, & pour établir le Deſpotiſme ; Tibere qui lui ſuccéda immédiatement, ſe croyoit ſi peu en ſûreté, qu'il fût tout le reſte de ſa vie dominé par les frayeurs. En mettant tous les hommes dans ſes fers, il n'avoit pu ſe rendre libre, & l'or de ſes chaînes faiſoit la ſeule différence entre lui & les autres esclaves. Voilà ce que les Princes gagnent en ſe mettant au deſſus des loix. Ceux qui ne ſe contentent pas de regner légitimément, & qui veulent ſe faire craindre de tous les hommes, ſont réduits à les craindre tous. C'eſt le cas de Tibere ; les fréquentes victimes qu'il immoloit à ſes frayeurs, ne faiſoient que les augmenter, les ſacrifices multipliant le nombre de ſes ennemis, comme cela devoit arriver néceſſairement.

Que ne doit-on pas craindre du pouvoir arbitraire ! A qui pourra-t-on le confier, quand on voit que Tibere avec de ſi beaux talens, & d'une expérience conſommée, en fut ſi fort enivré & perverti ? La Souveraineté abſolue & arbitraire eſt un poſte trop éminent pour une créature humaine ; elle ne convient qu'à Dieu qui eſt immuable, non ſujet à l'orage des paſſions, exempt d'erreur, & à qui tout est présent. Il y a peu d'exemples de Princes que l'autorité arbitraire n'ait pas corrompus, ensorcelés & conduits à une mauvaise fin.

XXVII.

Un Prince qui ne veut faire aucun mal, ne recherche point la puissance d'en faire ; celui qui la recherche, sera toujours soupçonné, & avec raison, de ne vouloir faire aucun bien. Le seul moyen d'éloigner ce soupçon, est d'agir par les regles connues de la loi. Celui qui gouverne par la loi, gouverne avec le consentement des peuples, & ainsi n'en sauroit être blâmé. Un Prince absolu qui peut faire tout ce qu'il veut, est toujours cru capable de vouloir faire tout ce qu'il peut ; le peuple s'en défie, & cet ombrage cause l'indignation du Prince, source intarissable de défiances & d'inquiétudes de part & d'autre.

Un Prince absolu veut que tout ce qu'il fait, tout ce qu'il dit, passe pour juste, ait force de loi, & que sa personne soit regardée comme inviolable & au dessus des loix. Si la conduite de ses sujets ne s'accommode pas à ces idées de Souveraineté, & à la haute opinion qu'il a de lui-même, il croira, ou bien un adulateur lui mettra dans la tête, „ que son autorité Royale a été méprisée, que „ ses sujets se sont révoltés" : que leur reste-t-il de plus qu'à prendre les armes ?

Spretam voluntatem Principis, descivisse populum ; Quid reliquum, nisi ut caperent arma?

Le Souverain dont l'esprit est aigri, fait éclater son courroux, & exerce des rigueurs effectives contre des crimes imaginaires. Un mal ne vient jamais seul; la sévérité avec laquelle il traite ses sujets, excite leur ressentiment; ils murmurent, se plaignent hautement, & le Prince cherche à s'en venger. Lorsque les traits de sa vengeance sont devenus publics, ce qui arrive toujours, ils ne manquent pas d'être suivis de beaucoup d'autres; c'est le train ordinaire des choses: l'affection & la confiance sont perdues sans retour; la haîne devient réciproque; le Roi & les peuples ne se considerent plus sur le pied de supérieur & de sujets, mais comme des ennemis déclarés.

C'étoit sans-doute la cause qui faisoit former à Caligula ce souhait barbare, que le peuple Romain n'eût qu'une tête, qu'il put abattre d'un seul coup. Il est aisé de voir les conséquences de tout cela; le Prince détruit continuellement ses sujets: eux de leur côté voudroient voir périr leur Prince.

Nul homme, nul favori, nul ministre ne s'aviseroit de donner des conseils pernicieux, s'il ne tenoit pour assuré qu'ils seroient bien reçus; & un Prince ne prêteroit point l'oreille, s'il n'étoit disposé à les recevoir. Celui qui aime à agir contre son devoir, à suivre ses goûts, ses caprices, aime aussi à entendre dire qu'il le peut, & quand on prône la volonté arbitraire du Prince, c'est alors que l'on travaille à renverser les loix & la liberté. A quoi sert la propagation des maximes du pouvoir arbitraire, si ce n'est pour en autoriser les actes? Ces maximes ſont trop odieuſes par elles-mêmes, pour être répandues ſans deſſein. Il n'y a pas de marque plus ſûre que l'on veut aſſervir les peuples, que lorsqu'on tâche de leur inculquer les principes d'une obéiſſance aveugle & univerſelle.

Cette ſeule réflexion fait voir qu'on ne ſauroit faire une bonne apologie des regnes, où l'on ſoutient partout ces dogmes de l'esclavage, que l'on en protege les docteurs, qu'on les paye pour cela, & qu'on leur procure de l'emploi ou des bénéfices. On voit que c'eſt la mode, & même de faire fortune dans l'égliſe, que de faire retentir les chaires & les tribunaux, places conſacrées à la vérité & aux loix, de cette doctrine, qu'il n'y a de loi que la volonté abſolue & arbitraire d'un homme, qui ayant prêté ſerment de défendre les loix, peut les renverſer légitimément. On ſoutient ouvertement ces fauſſetés, dont tout le monde peut connoître l'impiété. On les attribue au Dieu de vérité; on ſe ſert de ſon nom pour couvrir des oppreſſions atroces, pour lier les mains des opprimés, pour avancer avec impudence, que la vie que les hommes tiennent de Dieu, que leurs biens dont la propriété leur eſt aſſurée par les loix foudamentales elles-mêmes, dreſſées par la ſageſſe des hommes pour leur propre conſervation, défendues pendant pluſieurs ſiecles par leur vertu & leur valeur, que tout cela eſt à la merci & dépend de la convoitiſe de celui qui s'eſt obligé de les protéger, mais qui

qui peut, s'il le veut, détruire tout cela ſans oppoſition; que la réſiſtance même eſt damnable.

Lorsque toutes ces maximes ſont publiques, ſoutenues conſtamment, que c'eſt-là le langage des gens en place, le ſtyle des prêtres, favoris, miniſtres, & le chemin de la faveur, eſt-il poſſible d'ignorer le but où l'on tend? Pour prévenir tous les doutes, on ſuit des meſures arbitraires, en même tems qu'on en répand les principes. Les ſujets ſont empriſonnés, jettés dans des cachots, contre les formes des loix; ou condamnés à des amendes, ſans aucun fondement: on ſaiſit les biens par force, & l'on pille le public.

Qu'ils ſachent pourtant ces prêtres, favoris, miniſtres, qu'ils ſont en ſûreté ſeulement, dans les pays, où la barriere permanente des Loix eſt en état de protéger leur innocence, lors même que le peuple les croit injuſtement coupables, & que le Prince, par reſſentiment ou par politique, voudroit les punir comme tels. Le peuple peut être mal informé, il l'eſt même ſouvent, & la paſſion peut égarer le Prince. Au lieu que les loix ſont toujours exemptes de paſſion, au moins à l'égard des innocens, elles ne condamnent que conformément à la vérité & aux preuves. Comme elles ne ſe conduiſent pas par la volonté pure du Prince, elles n'en reçoivent non plus aucune atteinte.

Dans les Etats gouvernés par le pouvoir arbitraire, un Prince ſe trouve obligé quelquefois de faire périr de bons miniſtres, de ſages conſeillers, parce qu'on ſait qu'il le peut; & il ne ſauroit alléguer son impuissance à une populace furieuse, ou à une soldatesque insolence. Son pouvoir exorbitant est une malédiction sur lui, comme sur ceux qui le servent; à force d'avoir de l'autorité, il n'en a alors aucune; & ce qui est pire, il ne lui reste pas celle de protéger, de garantir: vraie fonction d'un gouverneur & d'un pere; il n'a celle que de tuer & de détruire, qui est celle d'un ennemi & d'un bourreau.

C'est le plus mauvais côté du despotisme, à l'égard du Prince & de ses sujets, que d'être condamnés à ne pas agir, selon leur choix, mais d'être réduits à la plus cruelle des servitudes, celle d'exterminer ou de périr.... Cette funeste situation a été souvent celle des plus grands Monarques de la terre: ce fut celle d'Othon. On ne trouva pas qu'Othon eût assez d'autorité pour empêcher les violences: jusqu'alors il avoit eu seulement celle de les commander... Il en fut de même de Vitellius: il ne lui resta aucune autorité, soit pour ordonner, soit pour défendre, & il ne fut Empereur que tout le tems qu'il fallut pour faire la guerre. Il en fut encore de même de plusieurs Empereurs suivans. La chose est commune en Turquie. Qui peut servir ces Princes tranquillement? Ils peuvent faire mourir ceux qui n'exécutent pas leurs ordres, quelques injustes qu'ils soient, & ne sauroient protéger ceux qui les exécutent, tout innocens qu'ils pussent être.

XXVIII.

Dieu eſt un Monarque non arbitraire, mais un Monarque limité; limité par les regles de ſa ſageſſe infinie, preſcrites à ſon pouvoir infini... Si le droit de gouverner ſans aucune regle, & par une volonté arbitraire, n'eſt pas eſſentiellement attaché à l'idée que nous nous formons de la Monarchie de l'Etre ſuprême, il eſt bien ridicule de ſuppoſer que ce droit ſoit néceſſairement renfermé dans l'idée d'une monarchie humaine; & lorſque Dieu dans ſes idées éternelles s'eſt preſcrit à lui-même des regles par leſquelles il régit l'univers qu'il a créé, il ſeroit bien ridicule d'aſſurer que l'idée de Monarchie humaine ne ſauroit ſubſiſter, ſi les Rois ſont obligés de gouverner ſuivant des regles établies par la ſageſſe d'un Etat, qui étoit Etat, avant qu'ils fuſſent Rois, & par le conſentement d'un peuple qu'ils n'ont certainement pas créé.

Du deſpotisme à la tyrannie, il n'y a qu'un pas. La ſeule crainte de devenir un jour Tyran, devroit inſpirer de l'horreur pour le deſpotisme. Qu'on jette les yeux ſur la tyrannie & ſur ſes triſtes effets, & l'on conviendra qu'un Prince qui s'y livre, eſt le plus grand de tous les fléaux. Sa tyrannie fait une infinité de malheureux, pour le rendre lui-même la plus déteſtable & la plus horrible de toutes les créatures, celle dont on ſouhaite le plus la deſtruction. L'horreur qu'on a pour lui, & les dangers où il ſe trouve expoſé, augmente à meſure qu'il s'aggrandit, & qu'il prend des précautions pour ſa ſûreté. La mort funeſte de la plupart des tyrans doit les convaincre que leurs armées, & le nombre de leurs gardes, bien loin de les mettre en sûreté, c'est de-là souvent qu'ils ont le plus à craindre.

Quelle étrange malédiction à une créature raisonnable, douée de la faculté de penser, d'être obligée de se regarder comme l'ennemi déclaré de tout ce qu'il y a d'aimable & de désirable parmi les hommes; de leur liberté, & de leur bonheur; de sa satisfaction & de sa propre sûreté; de son innocence & de sa vraie gloire? Les chaînes dont il charge ses sujets, augmentent leur haine contre lui, & par conséquent ses craintes. Après qu'il a perdu leur affection, & la confiance de ceux sur qui il devoit le plus se reposer, il est forcé de se servir pour garder sa personne de mercénaires esclaves du vice & de l'oisiveté; ou de gens à qui il a fait quitter une honnête industrie par ce nouvel emploi, de misérables qu'il tire quelquefois du milieu des rues, ou des prisons. Il est réduit à craindre tout homme qui a de la bravoure; & celui-là-même qui combat pour son propre Prince, qui fait des conquêtes pour lui, & qui le garde, ne fait que s'exposer davantage à la jalousie du Prince, à ses mépris & à ses remords.

Que sont les grandes places, si l'on n'y fait pas de grands biens? Que sont les Princes, les Rois, les Empereurs? sont-ils heureux de se trouver au dessus des peuples, uniquement pour les opprimer, pour les accabler? Et pour sentir toutes les douceurs de l'autorité, faut-il que les autres en sentent tout le poids? Non: l'Etre suprême y a pourvu. Jamais le cœur humain ne trouvera ſon bonheur, ſa liberté, à faire des esclaves. La tyrannie porte la premiere les fers qu'elle donne. Les ſoupçons, les craintes, le mépris, la haine publique qui l'inveſtiſſent nuit & jour, chaſſent loin d'elle le calme, le repos, la joye. Livrée à ſes propres fureurs, elle eſt elle-même ſon ſupplice, & venge ſans ceſſe l'humanité des coups funestes qu'elle lui porte.

Qu'eſt-ce qu'un Prince qui n'a plus d'appui que la force & ſa propre volonté? Un conquérant de ſon patrimoine, un général qui aura bientôt de dangereux lieutenans, un homme armé près de ſon foyer, & qui dort avec des piſtolets ſous ſon chevet. Un ſouverain n'eſt-il pas dans une poſition préférable, qnand il peut dire: je ſuis tout, tout réſide en moi, tout l'Etat intéreſſé à ma conſervation, veille pour moi, combat pour moi, agit pour moi; parce que chaque corps ſait en particulier que ſes immunités, ſon état, ſon repos dépendent de ma conſervation, de celle de mon pouvoir, de celle de ma famille: ce tout enſemble fait un corps indiſſoluble qui tient à des loix, qui ſont toutes à mon avantage; je regne, je fais des heureux, & je le ſuis.

Tel eſt l'état heureux dont les partiſans du deſpotisme voudroient faire décheoir les Monarques. Mais emportés par le torrent d'une autorité ſans bornes, ſongent-ils qu'il peut venir un tems où ils peuvent ſe trouver dans le malheur? . . . . Non, les grands ne penſent pas que leur grandeur puiſſe jamais finir. . . . D'où pourroit venir, ſinon d'une ſécurité aveugle, que les miniſtres concertent ſouvent des projets d'oppreſſion & d'un pillage univerſel, des projets pour avilir ou pour éluder les loix, pour limiter la liberté, & des plans d'un gouvernement arbitraire? S'aviſeroient-ils de concerter des meſures d'oppreſſion, s'ils penſoient qu'ils peuvent un jour ſouffrir de l'oppreſſion commune? Donneroient-ils leur ſuffrage pour affoiblir ou abroger les loix, s'ils penſoient qu'ils peuvent avoir beſoin de la protection des loix? Viſeroient-ils à abolir la liberté, s'ils craignoient de décheoir de leur autorité? N'établiſſent-ils pas le despotisme pour s'en ſervir contre les autres, ſans en ſentir le poids & la terreur en leur particulier?

XXIX.

Un Prince ne ſauroit trop conſerver, reſpecter les loix fondamentales de l'Etat, puisqu'elles tendent toutes au maintien de ſa grandeur & de ſon patrimoine. Et quoi! tandis qu'un pere de famille eſt attentif à lier par des loix particulieres les fondemens de ſa maiſon, qu'il établit des ſubſtitutions, qu'il regle tout par des actes authentiques, dans la crainte qu'une mauvaiſe administration venant à ſuccéder à la ſienne, ſon héritage ne ſoit diſſipé; comment peut-on dire à ſes héritiers de paſſer outre, & de ſe moquer de toutes les loix & diſpoſitions du teſtateur? Comment oſeroit-on conſeiller à un Prince d'annuller les loix établies dans ſon Etat, pour en ramener toute adminiſtration à ſa volonté? Et qu'eſtelle cette volonté ? Les Rois ſont hommes, & ſont comme nous ſujets à des paſſions & à des variations : les idées mêmes les plus fixes ſont entiérement différentes dans trois âges de la vie ; à vingt ans, à quarante & à ſoixante. L'Etat aura donc ſes fougues, ſes infirmités ; & les peuples demanderont chaque jour dans les prieres publiques de le voir tomber en décrépitude. Non, un Prince ſage ne ſauroit avoir de ſemblables penſées.

Un Prince ne peut ignorer combien il eſt avantageux de conſerver la bonne opinion que les peuples ont conçue de lui ; il eſt impoſſible d'en réparer la perte. Lorſqu'ils commencent une fois à concevoir une mauvaiſe idée du Souverain, il n'eſt pas de mal enſuite qu'ils n'en croient. A l'égard d'un Souverain, perdre l'eſtime des peuples, & encourir leur haine, c'eſt preſque la même choſe. A cela point de milieu. S'il y en a, on peut dire que le mépris ne vaut gueres mieux que la haine, & que les deux choſes vont preſque toujours enſemble.

Un Prince ſouhaite-t-il de vivre tranquillement, & de conſerver ſon crédit ? Qu'il ſuive une regle ſûre & invariable qui eſt celle des loix ; qu'il ne prenne que ce qui lui eſt dû. Pluſieurs ſouverains en voulant tout avoir, ont tout perdu. La couronne leur eſt ſouvent tombée de la tête, pour avoir voulu la charger d'ornemens faux & odieux, que leur fourniſſoient leur caprice & leur imprudence. Lorſqu'ils ont voulu uſer d'un pouvoir illégitime, l'autorité même que leur donne la loi, leur a été arrachée. Ils apprennent à leurs ſujets à uſurper ce qui ne leur appartient point, à commettre des violences pour la défenſe des loix que le Prince viole, à ſe faire juges dans leur propre cauſe, & à conſacrer tout ce qu'ils obtiennent par force.

Plutôt que de ſe ſoumettre à des conditions onéreuſes, le peuple en impoſe lui-même, & ſe perſuade qu'il n'eſt point obligé d'être fidele, à qui lui manque de foi. Qui n'aimeroit mieux un don gratuit, qu'un pillage? C'eſt la différence qu'il y a entre l'autorité conférée & la puiſſance uſurpée. Quelle eſt l'augmentation des revenus capables de dédommager un Souverain, de la perte du cœur de ſes ſujets qu'il a aigri & aliéné?.... Perſonne n'ignore dans quelles horreurs, dans quel déſeſpoir les Céſars ſe trouvoient, lorſqu'ils exerçoient une puiſſance ſans bornes... Machiavel dit que lorſqu'un Prince a une fois encouru la haine publique, il n'eſt rien qu'il ne doive craindre.

Celui qui ne fait point de mal, n'en craint point; mais ceux qui ſont une ſource continuelle de terreurs & de calamités pour les autres, ont beaucoup de raiſons d'être dans des craintes continuelles pour eux-mêmes. Combien plus eſt déſirable la condition d'un Prince qui regle ſa vie & ſon gouvernement par les loix? Il les exerce ſur un peuple libre, & ſes ſujets y donnent leur conſentement. Les loix & les ſujets ſont ſes gardes; & ce qui les met en ſûreté, y met auſſi le Souverain. Il connoît qu'il eſt aimé des peuples, & il eſt convaincu qu'il mérite leur affection. C'eſt-là le vrai gouvernement, & ce ſont-là ſes effets.

Ce n'eſt pas l'orgueil & l'extravagance, ni les inſultes triomphantes d'un ſeul homme ſur des peuples entiers, ni par conſéquent leur défiance, leur averſion, & une crainte ſervile de leur part; c'eſt plutôt une adminiſtration puiſée dans le droit & dans l'équité dont les principes ſont éternels, puiſée dans les loix établies & dans la probité. Que ce ſoit un commerce perpétuel de confiance entre le Prince & ſes ſujets: qu'on voie d'un côté les ſoins & la protection d'un pere, & de l'autre le reſpect & la reconnoiſſance qu'un pere a droit d'exiger de ſes enfans. Quel plaiſir pour une ame bien faite & généreuſe, de faire le bonheur & la conſolation de tout un peuple, de voir que tout un peuple le comble de bénédictions? Quel maître d'esclaves avec une autorité ſans bornes, peut ſe glorifier de ce bonheur? La grandeur d'un tel Prince n'eſt qu'une grandeur en peinture; il n'eſt jamais en ſûreté, parce que ſon regne n'eſt pas innocent; & il n'eſt pas innocent, parce qu'il opprime ſes ſujets.

N'avoir en gouvernant d'autre regle que ſa volonté, c'eſt regner par violence; & en uſer ainſi c'eſt faire la guerre. Celui qui devient l'ennemi de ſes ſujets, les rend réciproquement ſes ennemis.

XXX.

Les anciens Rois ont fait un état ſi particulier du cœur de leurs ſujets, que quelques-uns ont eſtimé qu'il valoit mieux par ce moyen être Roi des François que de la France. En effet, cette nation a été autrefois reconnue si passionnée pour ses Princes, qu'il se trouve des auteurs qui la louent d'être toujours prête à répandre son sang, & dépenser son bien pour le service & pour la gloire de l'Etat. Sous les Rois de la premiere, seconde & troisieme race, jusqu'à Philippe-le-Bel, le trésor des cœurs a été le seul bien public qui se conservoit dans le Royaume.

Sans l'amour des sujets, & le secours de la probité, le Souverain peut-il goûter le plaisir de la domination? Objet de la défiance publique, il ne connoît du sceptre que le poids, & il ne sent qu'il est maître que par les soupçons qui l'agitent, & par les soins qui le dévorent. Voisins, sujets, tous sont également en garde contre lui: les premiers ne se prêtant à ses vues, même les plus légitimes, qu'à force d'évidence, exigeront des sûretés indignes de la Majeste du Trône; les seconds, jouets malheureux de la mauvaise foi, chercheront à se venger du moins par la haine & par le mépris des injustices palliées dont ils furent si souvent les victimes: les uns & les autres enfin retenus, glacés par la défiance, ne pourront être mis en mouvement que par une succession continuelle d'artifices & de violences; triste ressource pour un Monarque, & toujours aussi funeste à sa tranquillité qu'à sa gloire.

Soins dévorans, soupçons inquiets, vous êtes absolument ignorés du Prince qui s'est fait une réputation par son intégrité. Il ne regne point aux dépens de son repos. L'idée que l'on a de ses vertus, lui sauve ces soucis, ces allarmes, qui abſorbent toute l'attention de la plupart des Souverains, & qui les rendent inſenſibles à ce que la couronns peut avoir de plus flatteur. Perſuadés de la droiture de ſes intentions, les peuples ont en lui une confiance aveugle; & comme ſi la ſagacité étoit inſéparable de la bonne foi, ils le croient également incapable & d'être ſurpris & de ſurprendre.

La ſuprême puiſſance & une grande proſpérité ſont des avantages très-propres à faire tourner la tête & enfler le cœur. Les Princes qui ſouhaitent ſincérement de ne pas tomber dans l'ivreſſe, & dans la vanité, naturellement attachées aux premieres places, doivent ſe figurer de tems en tems qu'ils ſont dans l'infortune, & conſidérer avec quelle facilité leur état peut changer: ils devroient au moins ſe mettre à la place de ceux qui ſont leurs ſujets ou leurs inférieurs, & en uſer avec eux comme ils voudroient qu'on en uſât en leur faveur. Conſidérant combien l'eſprit de vestige, cauſé par la proſpérité, ſuſpend & obſcurcit les fonctions de l'entendement, ils devroient modérer leur joie, étouffer leur vanité & leurs autres paſſions, pour conſulter leur raiſon & en faire uſage. Au lieu de cela les grands ne ſe dépouillent de la ſatisfaction qu'ils ont d'eux-mêmes, que quand elle les quitte: ils n'écoutent la raiſon que quand ils n'en peuvent tirer aucun avantage, & qu'elle ne ſert plus qu'à les tourmenter par des remords..... Créſus, Roi de Lydie, trouvoit inſupportables les diſcours de Solon, qui lui diſoit la vérité en honnête homme, & qui ne vouloit point encenser son pouvoir & sa prétendue félicité. Lorsque l'infortune & la captivité eurent abattu l'orgueil de ce Prince, & l'eurent ramené à son bon sens, & lorsqu'après s'être vu élevé à un si haut degré de grandeur & de fortune, il vit les préparatifs du supplice auquel il étoit condamné, il soupira, & prononça trois fois d'un ton lamentable le nom de Solon, dont il préféroit alors la sagesse à toutes les richesses du monde.

XXXI.

Il n'y a point de revenu qui puisse soutenir des dissipations continuelles. Les richesses du Nouveau Monde, les mines du Mexique & du Pérou possédées par l'Espagne, n'ont pu affranchir cette grande Monarchie d'une honteuse pauvreté durant une longue suite d'années, sous les derniers regnes, parce que les finances étoient mal dirigées, prodiguées mal à propos à des pensions excessives, & diverties de leur usage légitime qui est le service de l'Etat.

Epargner le peuple, le nourrir & l'enrichir ; c'est en quoi consiste la vraie & principale libéralité d'un Prince. La libéralité qui appauvrit les sujets est détestable. On disoit avec justice d'Othon, que ceux qui profitoient de ses profusions, se trompoient bien, s'ils les recevoient à titre de libéralité. Ce Prince savoit dissiper l'argent d'une maniere desordonnée ; mais il ignoroit absolument les

les regles de la libéralité bien entendue & bienfaisante. J'admire un ſentiment d'Henri IV, Roi de France, qui étoit véritablement un grand Prince: „ il eſpéroit, diſoit-il, de voir le tems que le „ plus pauvre payſan de ſon Royaume pourroit „ mettre une poule au pot". Cela montroit le véritable eſprit d'un Roi, pere de ſon peuple; cet eſprit que chaque Roi devroit avoir, ſans quoi je ne vois pas pourquoi il ſe mêle de regner. Quelle eſt la fonction d'un Roi, ſi ce n'eſt de rendre un peuple heureux?

Un Prince contoit à une de ſes maîtreſſes combien lui avoit procuré de repos d'eſprit ſon confeſſeur, à qui il avoit communiqué ſon inquiétude ſur l'oppreſſion & l'épuiſement de ſon peuple; que le bon religieux avoit diſſipé tous ſes ſcrupules, en l'aſſurant que tout ce que ſes ſujets avoient, étoit à lui, & qu'il pouvoit en conſcience prendre ce qui lui appartenoit. On dit que la Dame lui répondit d'une maniere franche & juſte: „ êtes-vous aſſez ſot pour le croire"? Il n'y avoit ſans doute point de flatterie, point de vues intéreſſées pour la faveur & les bienfaits de la cour, dans les déciſions des queſtions d'Etat & de conſcience de ce ſaint & impitoyale impoſteur, qui ſe ſervoit de la loi de Dieu pour autoriſer l'oppreſſion & ſanctifier de pareilles énormités. Presque toujours les confeſſeurs des Princes ſont leurs premiers ſéducteurs.

Lorsque le Roi Jaques I. demanda à l'Evêque Néal, s'il ne pouvoit pas puiſer dans la bourse de ses sujets, sans les formalités & le consentement du Parlement? l'Evêque lui répondit rondement qu'il le pouvoit : „ A Dieu ne plaise, „ SIRE, que vous ne le puissiez, vous êtes le „ souffle de nos narines". Avec ce jargon, & une application impie & burlesque de l'Ecriture, ce Prélat auroit voulu autoriser la subversion des Loix fondamentales de l'Etat, & lâcher la bride au Roi, pour dépouiller ses sujets, au mépris du devoir d'un Roi, du serment prêté à son sacre, & de la constitution du Royaume. Pourquoi la Loi n'a-t-elle point ordonné des châtimens pour un tel parricide, empoisonneur, ennemi déclaré des Loix & de la liberté? On prononce avec justice que projetter la mort d'un Roi est un crime de haute-trahison. L'Evêque projettoit la destruction de l'Etat. Il y a apparence que cet impie pédant ne se porta à cet excès de méchanceté & d'imposture, que pour complaire au Roi, favoriser l'Episcopat, & se frayer le chemin aux honneurs ecclésiastiques. J'ignore dans quel autre sens le Roi pouvoit être le souffle des narines de l'Evêque. Ce dont je suis certain, est, que ç'auroit été un faux compliment dans la bouche des peuples, s'ils avoient été dépouillés & volés contre la disposition de la Loi, selon le desir du bon Prince, & le sentiment du pieux Evêque. Ce misérable motif dans une ame basse, comme la sienne, étoit supérieur au bonheur de la société civile, aux loix de la patrie, &c.

XXXII.

Si l'état de ſujet emporte un engagement de reſpect, de fidélité, d'obéiſſance envers le Prince, l'état de Prince renferme un engagement de juſtice, de protection, de vigilance, & de bonté paternelle envers les ſujets. La juſtice eſt le premier devoir des Souverains. Ce n'eſt que par occaſion qu'ils ont des ennemis à combattre. Leur fonction eſſentielle eſt de gouverner équitablement leurs ſujets, en défendant les foibles contre l'oppreſſion des plus forts, en fixant les prétentions & faiſant rendre à chacun ce qui lui appartient. Auſſi les Rois furent-ils longtems eux-mêmes les juges des peuples : ils partageoient leur application entre la conduite de l'Etat, & le repos des particuliers. Mais depuis que l'eſprit d'intérêt, de fraude, de diviſion a défiguré la face du monde, & multiplié les différends, les Princes ont été obligés d'appeller les ſages à leur ſecours, & de les aſſocier à leurs fonctions.

Cependant, quoique déchargés par-là d'une partie de leurs ſoins, ils répondent à Dieu de ceux qu'ils emploient; & s'ils ne rempliſſent les premieres places de la Magiſtrature d'hommes ſavans, judicieux, integres, ils ſe rendent coupables de toutes les injuſtices & de tous les déſordres que peuvent cauſer les paſſions & l'ignorance.

C'eſt au Prince à venger la ſociété troublée, en puniſſant celui qui déſobéit à la loi: les ſujets, au contraire, s'il viole la juſtice à leur égard, n'ont pas droit de lui en demander raiſon; mais ſon injuſtice porte naturellement avec elle ſon châtiment; & telle eſt la diſpoſition de la providence, que la ruine de ſon activité naît de l'abus même qu'il en fait.

Envain l'orgueil des Rois attribue à des cauſes ſurnaturelles les révolutions des Etats. Leur punition les épouvanteroit moins, ſi elle exigeoit des miracles. La chûte du Roi injuſte n'a droit de nous étonner, que comme un coup de foudre, par ſon bruit & par ſon éclat: produite par ſon injustice, elle entre, comme les moindres événemens, dans l'ordre naturel des choſes. Sa cauſe eſt ordinaire. D'où vient qu'elle eſt ſi peu connue? Le ſentiment de la dépendance abat l'ame du peuple, & l'empêche de lever ſa vue ſur un ordre de la Providence qui feroit ſa conſolation. Les Rois éblouïs de l'éclat de leur grandeur, n'en apperçoivent pas le véritable fondement. Les uns & les autres reconnoiſſent la juſte ſubordination des ſujets à leur Roi; mais le ſage nous découvre la ſubordination naturelle de la puiſſance du Prince à la juſtice.

Attachons-nous à ſes paroles: „ Le trône du „ Roi, dit-il, qui rend la juſtice aux pauvres dans „ la vérité, ſubſiſtera éternellement".

L'univers doit ſa ſûreté à l'ordre merveilleux que nous admirons dans les globes immenſes & ſans nombre qui le compoſent. Soumis à des Loix invariables, la variété de leur mouvement n'y met point de confuſion; leur oppoſition même, bien loin de les détruire, les conſerve. Mais, hors de ces regles, l'aſtre le plus brillant produiroit les effets les plus funeſtes; l'aſtre le plus éloigné, même le plus obſcur, ſuffiroit pour mettre en danger tous les autres; & la terre, ſoit que fixe au centre du monde, elle voie en repos tout le firmament ſe mouvoir pour elle, ſoit que confondue avec les autres corps céleſtes, elle leur rende par ſon mouvement le ſecours qu'elle en reçoit, doit reconnoître que de ces loix invariables de leur mouvement dépend ſa conſervation, & que leur déſordre entraîneroit infailliblement ſa ruïne.

Tel eſt le corps politique d'un Etat: compoſé d'une infinité de conditions différentes, c'eſt la juſtice qui le ſoutient. L'inégalité des biens, entretenue par des loix égales, rend tous ſes membres utiles les uns aux autres: l'oppoſition même de leurs intérêts, conſtamment retenue par le frein des Loix, entretient dans l'Etat ce mouvement qui le conſerve.

Mais ſi les Loix molliſſent ſous l'autorité des grands, ils accableront les petits. Si elles ne ſervent de défenſe aux petits, leur accablement privera bientôt de tout ſecours ceux qui l'auront cauſé: & le Prince, ſoit qu'il conſidere ſes ſujets comme des hommes nés pour ſon ſervice & pour ſa gloire, ſoit que plus éclairé il ſe croie né lui-même pour rendre ſes ſujets bons & heureux, doit reconnoître que la juſtice eſt le fondement de ſon trône, & qu'il ne peut pas plus regner ſans elle, que ſans Etat.

CONCLUSION.

Que de dons du ciel ne faut-il pas à un Prince pour bien regner? Une naiſſance auguſte, un air d'empire & d'autorité, un viſage qui rempliſſe la curioſité des peuples empreſſés de le voir, & qui conſerve le reſpect dans le courtiſan, une parfaite égalité d'humeur, un grand éloignement pour la raillerie piquante, ou aſſez de raiſon pour ne ſe la permettre point; ne faire jamais ni menaces, ni reproches; ne point céder à la colere, & être toujours obéi; l'eſprit facile, inſinuant, le cœur ouvert, ſincere, & dont on croit voir le fond, & ainſi très propre à ſe faire des amis, des créatures & des alliés; être ſecret, toutefois profond & impénétrable dans ſes motifs & dans ſes projets: du ſérieux & de la gravité dans le public; de la briéveté, jointe à beaucoup de juſteſſe & de dignité, ſoit dans les réponſes, ſoit dans les conſeils; une maniere de faire des graces qui eſt comme un ſecond bienfait; le choix des perſonnes que l'on gratifie; le discernement des eſprits & des talens; un jugement ferme & ſolide, déciſif dans les affaires, qui fait que l'on connoît le meilleur parti & le plus juſte; un eſprit de droiture & d'équité, qui fait qu'on le ſuit, juſqu'à prononcer quelquefois contre ſoi-même en faveur du peuple, des alliés, des ennemis; une mémoire heureuſe, & très préſente, qui rappelle les beſoins des ſujets; une vaſte capacité, qui s'étende non-ſeulement aux affaires du dehors, au commerce, aux maximes d'Etat, aux vues de la politique, à la sûreté des frontieres, par un grand nombre de forteresses inaccessibles; mais qui sache aussi se renfermer au dedans, & comme dans les détails de tout un Royaume; qui en bannisse un culte faux, suspect & ennemi de la souveraineté, s'il s'y rencontre; qui abolisse des usages & cruels & impies, s'ils y regnent; qui s'oppose à toutes les loix de fantaisie, si des esprits inquiets & turbulens veulent les introduire; qui abhorre tout ce qui ressent l'esprit de schisme & de division; qui donne aux villes plus de sûreté, & plus de commodité par le renouvellement d'une exacte police: punir sévérement les vices scandaleux; donner par son autorité & par son exemple du crédit à la piété & à la vertu. Un Prince doit être religieux à conserver à ses peuples leurs droits & leurs libertés, à respecter les loix & les maximes de ses Etats. Il doit ménager ses peuples comme ses enfans, être toujours occupé de la pensée de les soulager, de rendre les subsides légers; être vigilant, appliqué, laborieux; ne ménager sa vie que pour le bien de son Etat; aimer le bien de son Etat & sa gloire, plus que sa vie.

Qu'y a-t-il dans le vrai de plus aimable & de plus respectable que de contempler un Roi qui possede toutes ces qualités & sur qui sont fixés les yeux de tout un peuple rempli d'admiration, de respect & d'affection; un Roi sous le gouvernement duquel des choses aussi difficiles à allier que l'empire & la liberté, sont intimément mêlées? Quel ſpectacle auſſi rare peut être offert à l'eſprit qui approche plus de la Divinité, qu'un Roi qui jouit d'un pouvoir abſolu, ni uſurpé par la fraude, ni maintenu par la force, mais qui eſt l'effet naturel de l'eſtime & de la confiance; un Roi, défenſeur zelé des loix fondamentales de l'Etat, plein d'équité & de douceur, n'aimant que ce qui eſt vrai, & ne deſirant que ce qui favoriſe le bien public; en un mot, un Roi qui ne laiſſe à ſes ſujets d'autres vœux à former que celui de le voir immortel?

C'eſt d'un tel Prince ſeulement qu'on peut dire avec la plus exacte vérité:

——————— *Volentes*
Per populos dat jura, viamque affectat Olympi.

La guerre civile, & tout ce qui en approche, comme le ſchisme & ſes horreurs, n'auront pas de place dans ce tableau, ou ſi ce monſtre y paroît, il y ſera vu comme Virgile le décrit:

———— *Centum vinctus catenis*
Poſt tergum nodis, fremit horridus ore cruento.

On le verra ſubjugué, lié, enchaîné & privé entiérement du pouvoir de faire le mal. A ſa place la concorde paroîtra, aſſurant la paix, & répandant la proſpérité ſur un Royaume heureux. L'amour de l'unité ſera le lien ſacré des cœurs. La juſtice & la paix s'embraſſeront. L'innocence ſeule triomphera. La joie ſera peinte ſur tous les viſages. Là on verra un peuple libre, tranquille & ſans allarmes, occupé à faire valoir ſon propre bien, & le fonds public. Des flottes couvrant les mers, lui apporteront des richeſſes dûes à ſon induſtrie. En un mot, ce généreux Monarque fera conſiſter ſon devoir, ſa joie & ſa gloire, à rendre la Royauté aimable, & à faire envier aux nations étrangeres le bonheur de ſes ſujets: & ces ſujets; tranſportés d'admiration, pénétrés d'une juſte reconnoiſſance, n'auront d'action & de mouvement que pour lui donner des marques effectives de leur zele, de leur ſoumiſſion & de leur inviolable fidélité! mais ce ſera un reſpect & une fidélité dont l'amour ſera le principe. La tendreſſe filiale & toute l'affection que le ſang & la nature inſpirent pour les parens & pour la patrie, ſe trouveront heureuſement confondues, réunies en faveur de celui qui ſera le pere commun du peuple.

De cette union, de cette admirable intelligence entre les membres & le chef, réſultera la puiſſance & la ſûreté du Prince: en poſſédant le cœur de ſes ſujets, il poſſédera des tréſors inépuiſables. Non contens de payer les tributs ordinaires qui ſont autoriſés par le précepte divin, ils s'empreſſeront de lui offrir la plus grande partie de leurs biens, dans les tems où la guerre rend néceſſaires les grandes dépenſes.

Les gardes qui l'environneront, ſeront moins pour veiller à la ſûreté de ſa perſonne, que pour marquer la grandeur de ſa dignité, & rendre plus respectable l'autorité du sceptre. Eh! que craindroit-il en effet, ayant toujours pour sa garde l'amour des peuples?

O justice, ô vérité éternelle! liens sacrés qui entretenez l'harmonie du monde, qui par des nœuds indissolubles unissez les Rois à leurs sujets, & les sujets à leurs Rois; qui tempérez dans les uns l'autorité du commandement, & adoucissez dans les autres les peines de la dépendance, puissiez-vous toujours être l'intelligence qui conduit, & l'ame qui anime toutes les actions du Prince qui gouverne: puissiez-vous toujours être l'appui de son trône, & le fondement de la félicité des peuples!

F I N.

www.ingramcontent.com/pod-product-compliance
Ingram Content Group UK Ltd.
Pitfield, Milton Keynes, MK11 3LW, UK
UKHW020242180726
13839UKWH00001B/134